改變孩子人生的10分鐘對話法

喚醒孩子的無限可能

朴美真 著

翻譯 彭尊聖

審定 兒童青少年臨床心理師 莫少依

朱雀文化

【前言】

最棒的父母，不是別人，就是你自己！

這是女兒還很小的時候的事，突然遇到了因工作關係很久沒見的導播，她問我：「最近在忙什麼？」

我回答說：「正在修行。」

「為什麼要修行？」她驚訝地睜大了眼睛反問我。

「養孩子不就是一種修行嗎。」我回答。

對我的回答，她發出了會心的一笑。

擺脫期望孩子能聞一知十的貪念；不斷地挖掘出那埋藏在孩子內心深處的潛能，並默默地接受它；放棄可以快跑的爽快，相反地，即使是原地踏步也要配合孩子的步調——

這就是父母。

所以，古時候有句話說：「要成為父母後，才算是個真正的大人。」

孩子和父母是完全不同的人格個體

「即使天下太平，我也享受不到那太平。我心裡緊張得像火在燒似的，看到他那慢吞吞的模樣，真想我自己來做好了。」

「真不知道他為什麼就喜歡那樣。連怎麼好好做也不知道，還在別人面前很得意似地調皮搗蛋，看到他那樣，我都替他臉紅。」

「真是亂七八糟一團亂。無論我怎麼生氣地叫他整理，他就是不做，反而還說他自己覺得很舒服，叫我不要干涉。」

這些話一聽就知道是在抱怨某人，有點像是太太在抱怨先生，或是先生在抱怨太太。抱歉，都不是，這些都是媽媽在發洩自己對孩子的不滿時說的話。

許多父母無法接受孩子的性格差異，也就是無法接受孩子和自己在性格上會有不同的這個事實，他們認為那是「一定要矯正過來的缺點」，或是「無論如何都無法理解的缺陷」。

的確，這個世界上讓人最難以接受的就是「跟自己不同」。歷史上許多戰爭也就是因為「無法容納異己」而發生的。但是對做父母的來說，這個「跟自己不同」的人是自己的孩子，所以應該要試著去接受而且認同這些差異吧？

大部分的父母，在生了孩子以後，就開始煩惱「我該怎麼養育孩子」的這個問題了。除了吃、穿的物質問題外，「該如何教育孩子」的這個問題，也一直不斷地困擾著父母。

我也是這樣。看著正在喝奶的孩子那平靜的臉龐，我時常會問自己：「身為父母，我該給這孩子什麼東西呢？未來這孩子會成為什麼樣的人呢？」許多方面都極為不足的我，也時常會煩惱：「要是一不小心將孩子帶到了錯誤的方向，該怎麼辦呢？」

然後，我會突然醒悟到：「對啊，所謂的子女教育，並不是帶著孩子往前走，而是要盡量協助孩子，讓他能聽到他自己內心的聲音，這才是父母要做的事啊！」

有句俗話說：「你能把馬牽到河邊，但是你不能讓馬兒喝水。」子女教育也是一樣，是勉強不來的。而且，萬一你牽引孩子的手段是囉唆、體罰、脅迫、禁止等不良的手段的話，還會讓親子間的關係惡化，那更是得不償失。

要讓馬喝水，強迫，是行不通的；喚起馬喝水的欲望，才是正確的做法。就子女教育而言，父母最先要做的，就是要引導出孩子內在的欲望。父母不要牽著孩子往前走，而是要和孩子一起看著地圖，從旁協助孩子朝正確的方向前進才對。不是要事先將那些會出現在孩子人生道路上的危險要素排除，而是要培養孩子在面對危險時，具有能克服危險的力量。不是要成為孩子人生的主人，而是要協助孩子，讓「孩子成為他自己人生的主人」。

而，適切地扮演好這樣的父母的角色，最好的方法，就是「對話」了。

對孩子說的話，慎重考慮十遍也不為過

心理學家將人類的精神世界分成兩個領域，那就是「意識區」和「潛意識區」。在這兩個領域中，會引起人類好奇心和關注的部分，是「潛意識區」。心理學家佛洛依德（Sigmund Freud）說，潛意識區中，具有完全控制人類有意識地思考和有意識地行動的力量。對此有一項實驗性質的廣告，可資證明。

一九五〇年代，美國人詹姆士・維克利（James Vicary）（編註）曾將印有「吃爆米花吧！」和「喝可樂吧！」的畫面，夾在電影影片中。因為這隱藏的訊息

非常快速地一閃而過，所以觀眾都沒有察覺出它的存在，但是潛意識區卻沒有錯過這些廣告，結果，電影院可樂的銷售量增加了18％，爆米花的銷售量增加了57％。由於潛意識廣告具有隱藏的強迫性，所以最後因違法而被禁止了。

孩子從小聽著：「你不行」、「你為什麼是這副德性」、「你是壞小孩」、「你只會多嘴」這樣的話語長大，結果會怎麼樣呢？不知道會不會像古諺說的「父母的話會一語成讖」呢？

現代科學中有一門科學叫做「純粹知性科學」（Noetic Science）。Noetic是由希臘語noesis變化而來，是純粹思維、純粹知性的活動的意思。而「純粹知性科學」，是要證明「將人類的思想或精神世界高度集中，會給物質世界帶來實質的變化」的一門科學。也就是說，它是一門透過實驗，證明人類的精神世界是具有力量的科學。

話語，是盛裝說話者思想和精神的器皿。套入「純粹知性科學」的觀念——「精神世界具有變化的力量」，那麼也就是說「話語也具有變化的力量」了。魔法師用的咒語「阿撲拉卡塔撲拉」，換成希伯來語，是「變成我所說的那樣」的意思。《聖經》上也有「太初有話」這樣的句子。所以說，話語是具有驚人的、可怕的力量的。

我對我孩子說的話，每一句都會變成魔法師的咒語，每一句都會變成太初的話，也都具有讓孩子人生產生實質變化的力量。這些可千萬不要忘了。

最重要的就是信心

信、望、愛中，最重要的就是愛。

這是不容置疑的真理。但是我想說，在父母、孩子間的對話中，最重要的是信心。

父母都愛自己的孩子，但是在愛的表現方式上，卻時常出現許多問題。錯誤的、歪曲的愛，反而使孩子受到傷害。孩子因溺愛、寵愛等而受到的傷害，是非常嚴重的。雖然愛，但有時也會互相討厭，父母有時也會不喜歡孩子的行為，孩子有時也會對父母的訓誡生氣發火。但是父母對孩子的信心，無論是在憎恨的時候、生氣的時候，或是受到傷害的時候，自始至終都不會改變。

有一次和電台的幾位同事聚在一起，大家談論到子女教育的問題。其中有位同事說，父母過分相信自己的孩子能成大器的這種情況，是造成目前教育問題的關鍵所在。

但是我卻說：「有父母會認為自己的孩子不能成大器，什麼都不能做的嗎？雖然無條件相信自己的孩子會成大器的父母，像傻瓜一樣，但是我認為父母就該那樣啊，不是嗎？」

那時，有位尚未結婚的播音員，接著我的話說：「朴作家的話好像比較對。我當然不是什麼能成大器的人，但是如果有相信我能成大器的父母在，並陪伴我生活，那將會給我多大的力量和支持啊。」

成為孩子生活的支柱，那就是父母對孩子的信心。不過信心和貪念要分清楚。會成大器的信心，和應該要成大器的貪念，是不同的。

曾經在〈青少年知識頻道〉上看到金得臣的故事，他是個背了數萬遍仍會忘記的、頭腦有些遲鈍的小孩，但是最後他竟然用他自己創造的詩句，塑造了一個全新的詩的世界。這個十歲才開始明白什麼是「字」，讀書對他來說似乎不太容易的孩子，當周圍的人說「嘖嘖嘖，怎麼這麼笨，連字都不認識」時，金得臣爸爸卻這樣回應：

「我那兒子笨是笨，但他沒放棄讀書，這我就很滿意了。」

清楚知道，父母應該對子女有信心，且知道該如何有信心，才是最重要的。

「信心就像雲雀媽媽對著蛋，吱吱喳喳地教唱歌一樣。」

這是美國著名思想家兼詩人愛默生（Ralph Waldo Emerson）說的話。

你的孩子現在就是蛋中的雲雀，而能讓這顆蛋變成雲雀，然後飛向充滿希望的未來和蔚藍蒼穹，同時還能唱出美妙歌聲的人，就是身為父母的你。

【編註】詹姆士・維克利後來於1963年公開承認，他並沒有確切執行此實驗，該實驗不過是個宣傳手法，並不足以為證。事實上維克利謊報了他的研究成果。但有個理論稱為「比馬龍效應」，大意是我們怎麼看孩子，孩子就可能那樣成長，仍舊是作者教育理念的有力證據。

【目錄】

第三章 孩子的學習能力，取決於對話

第四章 喚醒孩子無限可能性的10分鐘對話法

父母對孩子說的每一句話
都像是魔法師的咒語

第一章

媽媽爸爸的10分鐘，改變孩子的人生

・一天10分鐘，孩子的人生就不同
・簡單三原則，完成有效的10分鐘對話
・與父母親近的孩子，人際關係較佳
・與父母的對話，是孩子人生的基石
・爸爸也要參與對話

一般人和別人發生衝突的時候，
很容易會認為自己沒有錯，
全都是對方的錯。
和子女有衝突時也一樣。
即使是像自己命一樣疼愛的寶貝兒女，
在和他們意見不合時，
我們也多半會責怪孩子，而不是責怪自己。

一天10分鐘，孩子的人生就不同

「你做功課了嗎？房間為什麼又是這樣？」

「……。」

「到底要說幾次，你才會把媽媽的話聽進去？先做功課再玩，不行嗎？為什麼就是不聽媽媽的話，跟你爸爸一個樣！唉，幫你們這些傢伙收拾又收拾，收個沒完，我是你們的佣人啊？」

媽媽那不知道什麼時候才會停止的嘮叨，今天又這樣開始了。

那如果換這樣說，你覺得如何呢？

「你做功課了嗎？」

「還沒……。」

「已經十一點了，功課還沒做，就這樣去睡，行嗎？明天老師一定會很生氣？但是，現在開始做功課，一定會超過十二點才睡，這樣也不行，因為睡眠不足，明天到學校會很睏，上課打瞌睡，老師也會很生氣？而且功課沒寫完，考試會考得亂七八糟，考試成績不好的人還能成為偉人嗎？」

一點小失誤，就可以說到孩子整個人生都完了似的。這是冗長的說教。

像這樣的碎碎唸或是冗長的說教，是對話嗎？對話是要和對方面對面，一來一往地說話，才叫對話；而且對話的目的，是要產生共鳴和相互溝通。所以剛才的那些，都不能算是對話。

在和孩子共處的時間中，能和孩子真正產生共鳴並完成溝通的對話，究竟要花多長的時間才能達成呢？其實一個成功的溝通，不一定需要很長的時間，有時一個眼神、一個微笑，就已足夠。有些父母，雖然一整天都和孩子在一起，但各自做各自的事，有共鳴和溝通的對話，加起來卻不到十秒鐘。

和孩子的對話，最重要的不是時間的長短。即使只有十分鐘，甚至只有十秒鐘，能和孩子產生共鳴和溝通交流，才是最重要的。

和孩子的對話，質比量更重要！

我爸爸是個典型、不善於表達感情的韓國男人，他在我國中一年級時因車禍過世。由於這件事發生在我還小的時候，因此我對爸爸的記憶並不是很多，不過有一件事，直到現在我都還記得，而且在我沮喪失意時，它變成了我力量的來源。那是我國小六年級時，爸爸說的幾句簡短的話。

有一天我替媽媽到外公家幫忙，因為被留在外公家吃晚飯，所以從公車上下來時天色已經暗了。不過卻看到爸爸在公車站等著。因為完全沒想到爸爸會來接，我格外的高興。

回到家後，媽媽說：「不聲不響地跑出去，原來是去接女兒了啊？」

爸爸回答說：「不，我原本只是想出去散散步、吹吹風，後來就……」爸爸的話說了一半。當時他說話的樣子我還記得。

不過在從車站走回家的路上，和爸爸說了什麼話，我卻完全不記得了。只記得和爸爸走路時，遠處傳來此起彼落的狗叫聲。也許真的沒有和木訥的父親說一句話吧！

反正我是一句也想不起來了，不過在這不到十分鐘的路程中，和爸爸短暫的相處，卻是我記憶裡，一生中最幸福的時刻之一。因為它讓我明白：「我是爸爸的寶貝女兒。爸爸是很愛我的。」

在叛逆的青春期、在壓力超大的高三階段，還有在生命中遇到挫折的時候，我就會將自己鎖在這個記憶裡，重新找回爸爸給我的鼓勵。

「對，我是爸爸最寶貝的女兒。我是很寶貝的人。我不能在這裡猶豫停頓。」

不要忙得團團轉

當然對話的量也很重要。但是比起量，很清楚的，更重要的是對話的質。因為即使說了很多話，但如果那些話一律都是「做功課了嗎」、「不立刻做，我就要生氣了」，這些脅迫或指責的話語時；話多，又有什麼用呢？還不如把這些時間拿來抱抱孩子，仔細地聽聽孩子的心聲。

我也算是個職業婦女，不過自由作家時間是比較彈性的。然而聽到周邊那些上下班時間固定的職業婦女的故事，讓人忍不住流淚的悲慘情況，不計其數。

在外面忙了一天回家後，立刻就開始準備晚餐、吃飯，然後像狂風掃過似地把亂糟糟的家收拾乾淨，然後看一下孩子的功課，一眨眼十二點就過了。孩子的功課該做的都做了，也去補習班補了，但成績就是上不來；每次一聽到別人說什麼資優班、第一志願，心就涼了一半。先生當然認為家事是太太的事，跟他無關；小孩子有什麼病痛或出現什麼問題，也都是太太的責任。

先生也有很多站在他的立場要說的話。孩子成長的時候，讀國小、國中、高中的時候，也正是爸爸在社會上奮鬥的重要時期，如果這個時候爸爸沒有站穩腳步的話，就會被社會淘汰，那就糟糕了。所以即使有時間，也沒辦法全心地陪伴孩子。

然而即使是全職媽媽的工作也不輕鬆。家裡要打掃得一塵不染；要做先生的賢內助；要打點孩子去補習班順便當司機，還要蒐集升學資料，真不是普通的忙。我在社區圖書館做館長的時候，聽到一些來圖書館的媽媽說她們的事，比起在職媽媽，全職的家庭主婦好像更忙。

媽媽忙著整理家務，爸爸忙著打拚事業，孩子忙功課、忙補習；如此一來，全家共處的時間，幾乎是很少的。在這樣的忙碌漩渦中，稍有餘暇的話，大部分也都是在電視機前度過。根據一項調查顯示：休閒時間，平常和週末全部加起來，平均有百分之八十的人是看電視度過的。

韓國國家統計局公佈的「二〇〇九年時間利用調查」中，韓國國民平均每天有五小時十三分鐘的休閒時間。

讓我們想想，是不是可以在這些休閒時間中，撥幾分鐘給孩子。把電視機關掉，很好；早點起床或晚點睡覺，也可以；除此之外，可以使用的方法和手段還有很多。我們真該好好檢討一下，其實不是沒有時間和孩子對話，而是自己「不抽出時間」和孩子對話吧！

有一句沒一句的囉唆，不是對話！

讓我們來回顧一下，今天一整天和孩子說了些什麼話。不，看看早上起床時間，說了些什麼就好。

「上學囉，快起床。」

「五分鐘，再讓我睡五分鐘。」

「還不快點起來！」

衣服一換，媽媽叫完孩子，就出去做早餐了。爸爸已經上班去了。

「你怎麼還不起床，媽媽要生氣囉！」

「起來了啦。」

孩子坐在床上回答說「起床了」，不過眼睛還是閉著的。發現媽媽沒出聲，就往旁邊一倒，又睡了下去。媽媽在餐廳，趁著飯還在煮的空檔，在旁邊的沙發上稍稍閉閉眼。突然，她驚醒地跳了起來。然後尖聲大叫地衝到小孩房間，並朝著還在睡覺的孩子屁股，用力打下去。

「為什麼打我！」

「氣死我了，還不起來，八點了，八點！」

「什麼，八點了，今天又要遲到了，妳為什麼都沒叫我？」

「我真是……叫了你，你這傢伙又給我睡了下去！」

「咦，我都不知道。」

小孩快速地鑽進衣服裡，馬馬虎虎地刷完牙洗完臉，就跑出去了。媽媽在孩子後腦勺上敲了一下，生氣地說：

「要好好聽老師的話，認真讀書！」

讓我們再回顧一下，剛才孩子跟媽媽之間的對話。「起床」、「再睡一下」、「為什麼都沒有叫我」，這些話也都是一來一往的對話，但是以這種方式做的對話，不是前面所講的真正的對話。雖然是某人和某人在說話，但是對話基本的目的是要彼此「有共鳴和有溝通」的。早上起床後的這些對話，沒有共鳴處，也沒有溝通。

我們現代人，都是不知道自己為何而忙地忙碌地生活著。也許這就是會有「沒事窮忙、瞎忙」這句話的原因吧。這樣看來，父母和孩子之間的對話，就永遠都是這些話了。一方在命令，在有一句沒一句地嘮叨，而且全都是日常生活中必要的、基本的話。

「快點起來。」

「要好好聽老師的話，認真讀書。」

「趕緊吃完，去上學。」

「你今天要是又不去補習班，我就會發火了。」

「不要看電視了，去做功課。」

除了這些話以外，你今天還和孩子說了些什麼話呢？請回想看看。

父母和孩子間交心的話、撫平孩子的苦悶和受傷害的話、使孩子成長發展的話、父母和孩子間分享笑容和幸福的話，這些才是有共鳴、有溝通的對話。現在就去檢核看看，你和孩子到底分享了多少有愛和信心的對話吧！

一天10分鐘對話，只要用心，就易如反掌

要延長自己和孩子之間的對話時間，最可行的第一個方法就是，縮減看電視的時間。

「沒有什麼比家族間的對話更寶貴的了」，這是二〇〇五年四月，在美國舉行的為期一週的「關掉電視週」競賽活動，所提出的口號。為首的美國有七百六十萬人參加，另外還有巴西、英國、澳洲、日本、加拿大、台灣、義大利、墨西哥等十餘個國家參與。

以「小愛因斯坦」之稱受到全世界矚目的矢野祥，年僅十八歲就獲得芝加哥大學博士學位，他的母親陳慶惠表示，矢野祥在進大學前，家裡的電視都是放在櫥櫃裡的。因為不看電視，家族間能分享對話的時間也就多了。矢野祥的爸爸下班後，會不斷地詢問孩子今天一天發生了什麼事、透過這些事有了什麼感想、家裡面有些什麼改變等等，會和家人一直對話。

當然我們家也有電視，但是除了某些特定的節目、特定的時間外，電視都是關著的，一看完立刻就關。不看電視的時候，就只下下棋，並加長對話的時間。

第二種方法就是**早10分鐘起床**。大部分的家庭，早上都是亂哄哄的一片，父

母忙著打理上班，孩子忙著準備去幼稚園或學校。爸爸媽媽「快點、快點」地叫著，越這樣孩子就越拖拖拉拉似的，最後大聲罵人的話都出來了。不想再重複這樣的狀況的話，早起10分鐘就可以了，然後把這些時間放在叫醒小孩上。當然如果有很懂事的能自己起床的小孩，就把這個時間用在早上的聊天上吧。

我時常會隨著心情，變換跟女兒早上聊天的方式。有的時候會在還沒醒的女兒身邊躺下，抱抱她並問她：「睡得好嗎？」；有的時候會像她小時候一樣，搓搓她的腳；有時候會在她耳邊不斷唱著：「媽媽愛你……。」直到女兒完全沒有睡意，張開眼睛醒來。

早上愉快地醒來，出門前家裡的情況也會完全改觀，變成可以傳達愛心的時刻了。即使不大叫「快點、快點」，孩子也能奇蹟似地，自己做好去幼稚園或學校的準備工作。

第三個方法是孩子從學校回來後，或是父母下班回來後，**利用10分鐘全心地放在孩子身上**。晚點去換衣服又如何？晚10分鐘吃飯又如何？孩子的功課晚10分鐘去做，也不會有什麼大妨礙。利用這個時間，抱抱孩子，問問他今天有沒有發生什麼事。在這段時間內，不但可以對分開一整天作補償，還能說說當天發生的事，愉快地達到共鳴和溝通的這個目的。

簡單三原則，完成有效的10分鐘對話

媽媽一下班回家，孩子就跟在媽媽後面，追著想把今天發生的事一口氣全部說出來。

「媽媽，今天我去上學的時候，遇見了一個問路的老太太，早上在我們公寓……」

「功課做完了嗎？」

「嗯。那個老太太揹著一個很重的行李呢。」

「客廳為什麼這麼亂？」

「我現在就整理。還有媽媽，那個老太太要我幫……」

「妳考數學了嗎？錯了幾題？」

「考了。……錯五題。」

「什麼，五題？妳在補習班到底有沒有認真聽課啊？數學錯五題，還要幫老太太什麼忙啊？立刻進房間讀書去！」

沒有比這個更東問西答的了。對孩子的問題有一搭沒一搭的這個媽媽，只問她自己擔心的事，如果孩子和父母之間重複地說著這種「沒有交集的話」的話，那麼無庸置疑的，這就是溝通將斷絕的前兆。

和孩子對話的時候，只要遵守三個原則就可以了。那就是：好好地聽、好好地讀、好好地說。

原則一：所有對話的開始都是「聽」

麥克・安迪（Michael Ende）的知名小說《默默》中，有一段經典片段。

小鬼默默具有一種無人能敵的天賦，那就是聽懂別人的話的才能。……只要默默一注意聆聽，即使是很笨的人，都能突然有非常鮮活且深入的想法。不需要用什麼話或問題，就能讓對方說出那樣的想法。默默只是慢慢地坐下來，用溫暖且關懷的心，聽對方說話而已，……然後那個人腦海中就能浮現，連他自己都驚訝的、充滿了智慧的想法。

這種事情一而再、再而三地發生，後來村子裡的人，只要有什麼事情發生，就會說：

「一定要去跟默默說！」

一說到「對話法」，大部分人心中浮現的就是「說話的方法」。也正因為如此，默默的才能，才會變成「無人能及的特殊才能」。

對話的開始，其實不是說話，而是聽話。對話的黃金比率是七比三，也就是聽佔七，說佔三。所以有句話說，「對話的開始到結尾，都是傾聽」，這說得一點也不為過。

在教孩子英文的時候，想要學好英文，首先要先做的，就是培養孩子的「英文耳朵」，所以一開始就是要聽英文。相同的，在父母耳朵沒打開的情況下，跟他們說話，都是白費力氣；而跟耳朵沒打開的孩子說話，他們也都是當耳邊風。

「讓孩子知道父母對他有信心、父母是疼愛他的」就是最好的教育方式。如果拿這樣的信心和愛作基礎，不管是什麼樹苗，只要稍微給予適當的照顧，要枝葉繁茂，絕對是可以做到的。而且所有的父母，都已經具備了像默默那樣的才能，因為在這個世界上，要到哪裡才能找到像父母這樣，對孩子這麼有愛心和關心的人呢？

「仔細聆聽孩子說話」，就是父母對孩子，展現信心和愛的最具體的方法。
當父母會聆聽孩子說話時，孩子遇到事情最先會想到的，就會是：
「一定要去跟爸爸媽媽說！」

原則二：要讀孩子的心

一個向來只跟孩子說一些「日常對話」的爸爸，心血來潮想跟孩子來點深入的對話。
「跟爸爸說說話吧！」
儘管爸爸用了非常溫柔的聲音說話，但從這句話開始，孩子就緊張了起來。因為從沒一次跟爸爸好好地說過話。
「跟朋友有沒有什麼問題？」
「沒有。」
「朋友多嗎？」
「是，很多。」
問到這裡，爸爸已經想不出還有什麼問題可問了。爸爸不清楚孩子的事，孩子也一開始就處於警戒狀態。

其實當父母想對孩子開始真摯地對話前，要先作一次建立互信的「基礎對話」才行。所謂的「基礎對話」，就是跨越熱心聆聽的階段，讀懂隱藏在話語後面的孩子的心，甚至產生共鳴。誰都會對能和自己產生共鳴的人、產生同感的人，打開心門的。聆聽孩子的話，並連他的「心」都能讀懂的話，那對話幾乎就算完成。

我時常跟女兒說：「要尊重自己，要愛自己。」我告訴她，這世界上最要愛的人，不是父母，也不是別人，而是自己。我相信，愛自己的孩子，絕對不會走錯路。孩子愛他自己，比父母訓誡他百句還有用。但要能變成這樣的愛自己的人，首先就要讓孩子體驗被愛、被認同和被理解。

因此即使一天只有十分鐘，也要去傾聽孩子說話，也要去讀懂孩子的心，而要對孩子說些什麼，則放在聽懂和讀懂的後面也不遲。

原則三：該「如何說」是很重要的

傾聽和讀心完成之後，事實上，不另外去煩惱「說」也是可以的。因為有聽有讀，對話就算完成了。就像人喜歡和自己愛的人在一起一樣，即使是只有一下下也好；人也喜歡和能理解自己的心的人在一起，一定會把自己想說的話整個掏出來。

小孩子也一樣。他愛父母，父母也最能理解他的心，對話就不可能會斷絕。**但是，就像愛需要技巧一樣，說話也是需要技巧的。隨著說話方式的不同，打開的心也會再次關閉，反之亦然。**

語言是承載思想的器皿。隨著說話方式的不同，就表示我的「想法」不同了；隨著說話方式的不同，聽話的人的「想法」也會跟著改變。

在我沒叫他名字前，他只不過是一個移動的東西。
在我叫他名字之後，他走向我，變成了一朵花。

這是韓國詩人金春洙，詩作〈花〉中的一句話。隨著我叫喚方式的不同，我的孩子可能變成花，也可能變成雜草。

與父母親近的孩子，人際關係較佳

霸凌問題變成嚴重的社會問題已經很久了。因此父母從孩子上幼稚園或托兒所開始，就非常關心孩子的人際關係。把孩子的同學叫到家裡玩，積極地幫孩子結交朋友；甚至在忙碌的工作中，特別抽出時間認識孩子朋友的媽媽，累積情誼。

當然正如父母們所認為的，孩子的人際關係的確相當重要。但是，無論到哪裡，人際關係都是在和父母建立起親密的關係後，在這個基礎上，才能建立起來的、附帶的關係，這點要特別謹記在心。

穩定的人際關係，取決於父母

回顧我們自己小時候，在還沒有「集體欺凌」、「霸凌」等名詞出現以前，其實社會上就已經存在了所謂「惡意孤立」的問題了。

但即使如此，「惡意孤立」並沒有擴大為社會問題，「惡意孤立」也沒有產生像自殺這樣的罪惡或悲劇。關於這點，我們可以想出一些原因，但其中有一個原因，那就是，對小孩來說，除了人際關係外，還有其他好幾個會讓他感覺親密的關係存在。和父母的關係、和祖父母的關係、和鄰居的關係等，透過這些關係，就消除了因孤立所帶來的心理上的不安。

但是現在因為父母都非常忙碌，和小孩的對話，大部分都是強迫去做功課或讀書等。至於和祖父母，也是只有一年才見幾次面，而有時連左右鄰居是住了什麼人都不知道。

在這樣的狀況下，孩子就只能專注在和朋友的關係上了，如果不能對孤立心理調適成功，心裡就會受傷；對因朋友的指責或欺負造成的孤立，一定會感覺非常痛苦。所以我才不斷強調，父母要成為孩子人際關係的積極後援，同時父母與孩子之間的親密關係一定要先建立的重要理由。

另一個要試著思考的，就是霸凌的加害者的問題。許多父母都把焦點放在讓自己的孩子免於遭受霸凌上，對可能會變成霸凌加害者的這事實，卻一點也不關心。會有一種「打朋友是因為有小衝突，所以沒關係；被挨打一定是那個人看起來欠揍」的心理。

但是仔細探究「我的小孩為什麼會變成霸凌加害者」的話，父母一定會不寒而慄。加害者想，如果確認了對方是比我弱的弱者，那我就變成了強者；或是因一種對自己的弱點的補償心理，而變成霸凌加害者；或為了要消除來自父母的壓力、因對話斷絕而來的敵意，這樣的內在不滿，就選擇了霸凌這樣的非人的手段。

加害者也好，被加害者也好，為了要保護自己的孩子免受霸凌這暴力文化的侵害，父母最先要做的就是，和孩子形成強而有力的連結。而形成強而有力的連結，最好的方法，當然就是「有共鳴和有溝通的對話」了。

有句俗話說：「在家靠父母，出外靠朋友。」這句話是要強調，在人生旅程中，朋友的重要。但是因缺乏父母的關愛而建立的朋友關係，或是排除父母的關愛而建立的朋友關係，都是危險的。因為這類孩子從朋友關係中學到的，不是正確思考的方法，同時他們也不了解個性的重要性、自我尊重的價值及人格或內在成長的必要。

孩子穩定的人際關係，必須在有父母充分且完全的關愛，和人格成熟以後，才有可能。沒有這些先決條件的朋友關係，反而是毒藥。大家都知道，錯誤的執著，最後會招來破壞和傷害。而對朋友錯誤的執著，道理也一樣。

人本主義學者馬斯洛（Abraham Harold Maslow）的「人類五階段需求理論」，其中前三階段都是和愛有關的需求。這三階段的需求滿足了以後，才能發展進入第四階段——自我尊重的需求。若處於愛的需求完全充足，而自我尊重未完成的狀態，且又執著於和他人的關係時，不難想像那會招致怎樣的結果，這樣的關係不是友情，只是從屬關係而已。這也就是在交朋友前，父母先要成為孩子的朋友的理由。

孩子的社會性，來自於父母

我們全身上下有非常多的荷爾蒙，其中和社會性有關的荷爾蒙，是催產素和抗利尿激素。催產素（Qxytocin）和精氨酸抗利尿激素（Arginine Vasopressin），兩者都是和愛有關的荷爾蒙，它會影響人的社會性，同時在和人建立信賴感時發生作用。研究得知，當催產素數字大幅下降時，甚至會產生逃避社會性相互作用的情形。還有，這種和社會性有關的荷爾蒙分泌，與父母的關愛及和父母有否深厚的關係有關。

美國威斯康辛大學麥迪遜分校兒童感情研究所的塞斯・鮑萊克博士（Seth Pollack），曾領導一個研究團隊針對被收養的兒童進行研究，他們以兩組兒童作對照：一組為幼兒期即被收養的兒童；另一組則由親生母親扶養長大的兒童來進行實驗，根據他們的尿液，來確認和社會性有關的荷爾蒙指數。實驗的過程是讓兩組兒童一面玩電玩，一面分別由母親和陌生女子陪伴照顧，持續三十分鐘，然後測定他們的荷爾蒙變化。

結果，由親生母親照顧的孩子，其催產素的量在和母親接觸後增加，而對陌生女子，從頭到尾都完全沒反應。而被收養的兒童，則不論是養母或陌生女子的陪伴，其催產素數字都沒有變化，同時抗利尿激素一直維持在很低的水準。這充分顯示了，和父母的穩定親愛關係，直接決定了孩子的社會性。

如此一來，若感覺到和孩子之間的對話即將或已經斷絕，該怎麼補救呢？要解決這個問題，要先檢討看看自己的說話習慣或行為習慣有沒有什麼問題，將有問題的地方改正過來，就可以了。

一般人和別人發生衝突的時候，很容易會認為自己沒有錯，全都是對方的錯。和子女有衝突時也一樣。即使是像自己命一樣疼愛的寶貝兒女，在和他們意見不合時，我們也多半會責怪子女，而不是責怪自己。

看到爸爸一回家，孩子就立刻走進房間把門「碰」地關上，會有這樣的表現是因為父子之間都忽略了彼此關係出現裂縫的時刻，並且任由裂縫越來越大所導致的，這就像沒有鬆土就種了樹一樣。單方的、自私的行為，就變成了解決問題時決定性的障礙。同時父母總想著「只要孩子先軟下來、只要撐得久就贏」的錯誤想法，只會成為和孩子關係上的毒藥。

即使對他失望也不放棄他，並不斷為恢復子女關係、再次對話而努力，這才是解除彼此間的衝突，最好的方法。

你仔細地看著孩子的臉，是什麼時候的事了？

孩子越大，我們越要在孩子犯錯時，為了要保護他、教導他，我們越要仔細地看著孩子的臉。

但這樣一來，身為父母的我們，就不能只是孩子的朋友了，而是要把他們想像成自己的戀人。想想看，以前和老公／老婆談戀愛的時候，為了吸引他的注意、為了得到對方的心，為了讓愛持續下去，我們會花多少的心思與努力呢？為了和情人再多說一點點話，半夜還拿著話筒不放；即使每天都見面，也好像好久不見般的想念。

為了讓對方知道他的重要性，不時地說著「你是特別的人、你是我非常珍愛的人、單單你的存在就能讓我開心，所以即使看看你，我都高興……」這樣的心情，相信大家都有過吧！如果用談戀愛的心情與努力，傾注在孩子身上的話，讓孩子每天都沉浸在父母滿滿的愛，孩子就會像連著線的風箏，自由自在地在天空飛翔，隨心所欲地俯視這個世界了。

與父母的對話，是孩子人生的基石

「你早上又到哪裡去逛了？肚子餓了才回來。」

飾演爸爸的金大熙對著飾演讀高中的兒子張東玟問。一聽兒子回答說「去上學啊」，爸爸瞪大了眼睛回問說：「你怎麼還沒畢業啊？」

這是韓國電視台KBS2的搞笑節目——《滑稽音樂會》生意人角落〈對話的必要〉中的一場戲。

只會叫「吃飯了！」的爸爸，對兒子一點也不關心的媽媽，還有在這樣的父母間漂浮的兒子。從這個角落，可以看到今天對話不足的家庭，存在著像敵對國家一樣的情形。在這樣的家庭中長大的兒子，未來會有怎樣的人生，即使沒有特殊的慧眼，大概也能描繪出來吧。套用成語來說，那真是「不言自明」。

「在我的成長過程中，曾遇到許多好老師和好朋友，並給了我很大的幫助。

但這些都比不上我父親給我的愛、訓誡和榜樣，它們是我人生最大的助力。」

這是英國政治家貝爾福（Arthur Balfour）說的話。正如他說的，父母除了解決孩子吃、穿這些最基本的問題以外，父母還是透過愛、訓誡、榜樣等，連孩子內在成長都要照顧到的人。而這內在成長最重要的媒介，就是「對話」。了解孩子、傳達父母的想法和價值觀，盡力幫孩子獲得美好的、光彩的人生，能做到這些的手段，除了對話以外，還會有什麼呢？

曾出任國會議員、總統等的美國名門望族——甘迺迪家族，他們家族的美國夢，都是在家族用餐時討論出來的。到度假地度假靜養時，就用「信件」對話法，來教養子女。在有客人到家裡來商討一些大事時，就把孩子叫到愛兒房，要孩子們聽大人的對話和討論。

在這樣的名門大家的子女教育法中，那具有模範價值的對話，是讓孩子有個成功的人生，一定必要的教育法。

留給孩子什麼樣的禮物，能在他的未來多點助力？

罹患癌症初期的爸爸，經過治療痊癒了。在這面臨生死的過程中，爸爸回顧他整個人生的過程：在生病之前，他總是為著吃飯、生活而忙碌；為了孩子而拚命地想成功，這些都彷彿是過眼雲煙在他記憶中一閃而過，唯獨「和子女在一起的時間」和「對話」始終歷歷在目。

「當我一想到，我在孩子的記憶中，將是個只留下錢就死掉的父親時，我就為之一驚，精神立刻振作了起來。」

這是那位爸爸說的話。

後來他在工作中抽出了度假時間，利用孩子放寒暑假的時候，到嚮往已久的、一定要去一次的南美洲旅行了一個月。因為他不想只給孩子留下「錢」這種遺產，而是要留下「和爸爸在一起的回憶」和「從爸爸那兒學到的生活智慧」這種遺產！

父母能給孩子的、最棒的禮物，是什麼呢？

隨著父母價值觀的不同，首屈一指的可能是：很多財產、高額的年俸，和搶破頭的教授職位等。但比起這些，我最想送給我孩子的卻是：能以「做自己人生的主人」來生活的擔當感，和能攀越生活高山的韌性和勇氣，還有會享受幸福的肯定且光明的人生觀。而且我堅信，這些禮物就像前面的那位爸爸一樣，只要透過我和孩子在一起的「時間、回憶和對話」，就可以達成。

為讓孩子有個成功的人生，試著想想，身為父母的我們，該給孩子什麼東西吧。然後試著把它當作教育孩子的重心。不管以前走得多麼不用心，也不管將認真走的新路會走到哪裡，現在開始走就對了。

最近韓國公佈了一項青少年生活滿意度的研究報告。此份報告以青少年補習與否及周邊關係好壞，是否會造成對生活滿意度的差異進行研究。

結果顯示，回答「對生活非常滿意」最多的群組，是「有補習」且「周邊關係也很好」的同學；相反的，對生活滿意度極低的，是「沒有補習」但「周邊關係不好」的同學。由以上的研究可以得知，對青少年生活滿意度影響最大的，不是有沒有補習，而是「周邊關係」好不好。

所謂的周邊關係，是指和父母、朋友以及老師的關係，而這些關係的核心，就是能和其他人建立圓融人際關係的能力，也就是溝通的能力。

溝通能力有多重要，我想即使不去強調，大家也應該知道。去看看孩子朋友中的人氣王，就知道溝通能力的重要性了。這些人氣王能圓融地和朋友溝通彼此的想法和感情的能力，我想就是吸引朋友最大的魔力所在。

那麼，該如何提高孩子的溝通能力呢？或者換個說法，我們該如何幫他，才能讓他深切體會到溝通的重要呢？

溝通的根本就是對話。在子女周邊、和子女有最親密關係的，就是父母了。子女和父母間有圓融的對話，會連帶地變成子女和周邊人之間圓融的溝通；一面看父母的對話法，孩子就一面學會了如何和周邊的人溝通了。

用對話找出孩子的才能

現在有許多媽媽，會在孩子六歲時，就送孩子去才藝班學各項才藝。我曾問過這些媽媽，讓孩子去這個那個課外學習的理由。她們回答我說，因為不知道孩子有什麼才能，所以就讓他多去體驗看看。

真的要透過各種課外學習，才能發現孩子的才能嗎？

要知道孩子潛在的能力是什麼，最先要做的，就是細心觀察並正確掌握，孩子對什麼有好奇心；然後接著要做的就是，用適當的稱讚和認可這樣的對話，來引起孩子進一步去做的動機。

當然好的老師也會讓孩子產生非常棒的研究動機，但對孩子來說，父母的發掘與肯定，更具意義！

同時在孩子將自己的才能，跨過隨心所欲的開花階段，進入期待能結出「成功」果實階段，還需要有父母的「言教」做後盾，所以說，父母才是成就孩子的偉大推手。

不久前在某電視頻道上看到，一部以「成功」為主題的紀錄片。片中對「怎樣的人算是成功的人」這個問題提出答案，其中有一項答案是「因在電視等媒體演出，而具有高知名度的人」。這真是個透過媒體獲得名聲，就被認定是成功的人的時代。

那麼，怎樣的人會在媒體上演出呢？電視媒體會喜歡怎樣的人上電視呢？是知識豐富的人嗎？是有權力的人嗎？總之，說到表演，很難說出個道理或理由，但是非要舉出一項的話，我想「會說話的人」應該是會最優先考慮吧！

知識豐富但不會說話的人，和知識稍微不足但很會說話的人，會選擇誰呢？

透過媒體，讓大眾知道他的名字的律師、醫師、教授、研究員等專業人士，他真的是在該領域中最高的權威者嗎？雖然也會有又是最高權威又很會說話的人，但即使不是最高權威，只要會說話，也能在媒體上受到歡迎的。雖然電視還會考慮到人的長相等等因素，但如果這些沒問題，會受歡迎的原因，應該就是會說話了。

而幸運的是，說話的能力是透過後天的努力也能開發出來的。透過勤奮地訓練，讓自己熟練說話技巧，那麼誰都可以具備這種「會說話」的能力。但這所謂「訓練」的開始，其實就是與父母之間的對話，這點卻是不爭的事實。

爸爸也要參與對話

曾聽過「超級爸爸」(Super Dad)這個詞吧?那是美國《紐約時報》為選出新時代好爸爸、新好男人，並頒發「二十一世紀最帥爸爸獎」所創出的口號。「超級爸爸必須是兼具對外能力，並扮演媽媽角色的顧家型爸爸。

《紐約時報》選出的「超級爸爸」代表是：高爾夫球員傑克・尼克勞斯（Jack Willium Nicklaus）和總統歐巴馬（Barack Hussein Obama）。有個五歲孩子的尼克勞斯，在球季，搭飛機回家看兒子的足球比賽，結果錯過持續兩週的加賽。另外歐巴馬總統就職後，在參訪非洲時，帶著兩個女兒到加納共和國以前的農業貿易港口參觀，為女兒實地上一堂歷史課。這兩位為了兒女而犧牲掉自己時間的舉動，成為大家討論的話題。

爸爸參與子女的教育，除了子女的創造力外，對孩子身體發育、世界觀、積極進取性格的形成、社會性的發展，都會有許多影響，這是已被知道的事實。

這也就是為什麼會造出「超級爸爸」這個口號，來強調爸爸參與子女教育的重要的原因。

這時代父親的自畫像

某位父親平常對孩子的功課漠不關心，而且一直認為孩子的學習是太太的事，有天對已是高三的兒子說：

「如何？有信心進入全國前百分之三嗎？」

「什麼？」

「要進入前百分之三，才能進國立明星大學不是嗎？」

這時兒子漲紅著臉說：

「那爸爸你能投資我每個月七萬的課輔費和補習費嗎？」

對話中的爸爸，除了在孩子面前顯露出困窘模樣外，似乎並沒發覺與孩子間真正問題的核心，是在「對話不足、共鳴不足」上。平常沒有和兒子好好對話的爸爸，執著並急功近利於成績這敏感的話題，不得不使兒子的反抗心變大。假使平常父子間建立了以信賴和同理心為基礎的對話，那麼兒子就不會挑剔父母的能力，來為自己作辯護了。

我有個朋友，有回對著我頻頻抱怨他那第一次離家參加露營的兒子，只知打媽媽的手機報平安，卻沒有打過一通給他，為此他非常的不是滋味。

「我也很想聽聽孩子的聲音啊！所以就接了孩子媽媽的手機。結果孩子只說『噢，媽媽呢？換媽媽接……』，連句打招呼的話都沒有……。這怎能不讓人難過得流淚呢。」

看看我們周圍，這樣的爸爸還不少呢。不只是青春期的孩子，現在也有很多五、六歲的孩子，看到爸爸過來，就擺出一副嫌老骨頭臭模樣呢！

這樣看來，我和女兒、先生的關係，算是非常幸運的了。先生因為在外地上班的關係，平常住在別的地方，週五才回家。這是一不小心就會和女兒對話空白的情況。因此先生時常寫信給女兒，週末也盡可能地陪著女兒一起度過。

去年晚秋，我曾對先生說有空帶女兒去釣一次魚吧！後來我忘了這件事，隔週先生就跟同事借釣具回來了。因為晚秋風相當冷，而且又是釣魚新手，先生和女兒連一條小魚都沒釣到就回來了，不過他們臉上仍是神采奕奕的。

韓國流行音樂四人女子團體B.E.G.的歌曲〈Candy Man〉中有一句「彬彬有

禮的態度，和幽默感」這樣的歌詞。女兒某天聽到這首歌，就對我說：

「媽媽，這句話好像是在說爸爸呦。」

培養有創造力的孩子，需要父親

韓國專門檢查創造力的機構——梅沙研究所（MESA），對一百名有五到七歲子女的父母進行調查。創造力屬於前百分之二十五的兒童中，有百分之二十六是每天和爸爸對話三十分鐘以上的；而對話不到三十分鐘的，只佔了前百分之二十五的兒童中的百分之十三。這不是說媽媽的角色不重要，而是爸爸所具有的優點，也會給孩子許多影響。

爸爸是讓孩子看到更寬廣的世界的一扇窗。和爸爸分享的、肯定的觀念溝通經驗，會變成孩子確立他自己的整體性和價值觀的基礎，這也會成為成功的社會生活的重要因素。

在現在這個雙薪家庭時代，未婚男子喜歡有賺錢能力的女性，更甚於容貌。然而家庭內的「照顧勞動」卻仍然是女性的工作。根據韓國女性發展院曾作的調查，在有未入學子女的家庭中，職業婦女照顧孩子的時間平均每天為八小時四十分鐘，是先生（一小時十七分鐘）的八倍。

再加上這世代的父親，對「怎樣的爸爸算是好爸爸？爸爸該怎麼當？」等問題，並沒有從前世代的父親那裡學到，雖然想改變，甚或是想和子女有更多對話，但大部分父親都是不得其門而入，因此他們面臨這樣身不由己的狀況，有時也是很無奈的。

新加坡有一百多個由政府和全國家庭協會所組成的「好爸爸中心」免費機構。新手或老手爸爸都可以在這裡獲得並實習保育知識。這樣的機構對新加坡孩子的未來，有絕對的助益。

雖然加長爸爸和孩子間的對話時間，最重要的是爸爸的意願，但也需要更多時間和子女在一起的媽媽的支持。也就是媽媽要提供給爸爸有關孩子的訊息，還要創造出更多全家人可以在一起的機會。

要給爸爸練習的時間

時常看到把嬰兒交給爸爸，自己出來辦事的媽媽，她們都非常的不安。奶瓶有沒有好好消毒、牛奶有沒有按時間餵、尿布有沒有換好……？瑣瑣碎碎擔心的事真不少。但是給爸爸體驗和學習的時間，絕對是必要的。經過幾次的經驗，爸爸對育兒也會得心應手的。

同樣的，「對話」也是一樣，也需要給爸爸和孩子在一起的時間。根據韓國政府女性家庭部每五年實施的「家庭時態調查」，調查前一個月和爸爸一起去爬山或運動（一次也算）的子女，十位中有兩位；和爸爸一起去看電影或聽音樂會等文化活動的子女，十位中有一位。以上的結果很明顯可以知道，子女與父親相處的時間明顯不足，是不爭的事實。

爸爸和孩子對話斷絕，絕對不是溝通能力差。對話是要在擁有許多共同相處和共同生活經驗的人之間，才能完成的。爸爸要更加把勁，去增加更多陪伴子女、和子女在一起的時間。媽媽也要盡量幫忙爸爸，去增加更多的機會。

在把孩子託給先生照顧前，奶瓶消毒法、餵牛奶的時間、換尿布的方法、孩子有哪些特性等，都要一一清楚告知；若有就教育觀點，認為某些能力由爸爸來照顧時效果特別好，這些情報也要提供。這樣做了幾次後，爸爸和孩子間，就會形成穩固的親密之環。自此之後，即使媽媽沒有提供什麼教養訊息或方法，父子、父女之間的「親密之環」，就能很圓滑地滾動了。

無論是兒子或女兒，都需要「爸爸」

子女需要爸爸，不用多解釋，那是當然的。那麼特別將子女分作兒子和女兒，又再強調一次爸爸角色的重要，原因何在？那是因為兒子、女兒，在養育上是有差異的。

曾和一位老大是女兒、老二是兒子的媽媽聊天，她說從沒有罵過女兒，但對兒子卻時常要叮嚀、教訓。站在媽媽的立場，比起和自己同性別的女兒，媽媽一定會比較不了解兒子。除了在發育上，男孩比女孩發育得較慢以外，媽媽對兒子具有的散漫雜亂，也只會感到陌生，而無法理解。

根據維吉尼亞工學院研究團隊以出生後兩個月到十六歲的男女孩為調查對象，發現男孩和女孩腦部的發育順序和速度大不同。女孩的語言、小肌肉運動等的發育，足足比男孩快了六年；而男孩在和目標集中、空間記憶等有關的部位發育，卻比女孩快了四年。

然而一般家庭子女的主要照顧者，多以母性為主，因此媽媽對兒子的發展，總有些力不從心的狀況。如果了解了男女發育順序速度大不同時，在教育小孩的過程，更應配合幼兒的發育順序才好。因此男孩在成長過程中，與父親之間的親密對話是絕對必要的，因為唯有父親才能真正體會男生的發展特性。

那麼，女孩又為什麼需要爸爸了呢？

美國哈佛大學兒童心理學教授，也就是創出「阿爾法女孩」（Alpha girl）這口號的丹・金德倫（Dan Kindlon），因提出阿爾法女孩現象中的「爸爸要素」，而受到矚目。金德倫表示，阿爾法女孩四名中有三名是和爸爸維持著很好的關係的，也和爸爸分享很多對話；因為受到了爸爸的影響，她們會較容易培養出，對傳統上認為屬男性領域的數學、科學、電腦、運動等的興趣，也常和爸爸談有關社會、政治等的話題。而且越是這樣長大的女孩，就有越多發揮領導力的機會。

一個成功的領導者需具備軟性思維，諸如語言能力、親和力、自我理解能力，這幾項對女性來說，較無問題，但在挑戰精神、推動力、韌性等方面，相對地就比較不足，而能補強女性這些不足的人，就是爸爸了。

第二章

和孩子對話，只要用心就很容易

- 在讀懂孩子感情方面，不熟練的父母
- 話很少的父母
- 只管自己一直說的父母
- 不知不覺間，就把對話變成囉唆的父母
- 不能忍受孩子不聽他說話的父母

為了孩子好的囉唆話，
如果孩子接受的話，也能頗具有效果，
但是根據調查，孩子最討厭的教育法就是囉唆，
如此一來，囉唆的教育效果
幾乎是等於零。

在讀懂孩子感情方面，不熟練的父母

曾聽過「問題孩子後面一定有問題父母」這句話吧？即使還沒到問題孩子的程度，當和孩子之間的對話出了什麼問題時，做父母的就得徹底地檢討一下自己了。

大部分的父母在養育子女上，都希望自己能做到最好。但如果父母能自我檢討，將自己的問題點改正好的話，就能成為最棒的父母了。即使不是靠遺傳基因讓龍生龍、鳳生鳳，我想只要是認真教育的父母，養出好的子女也是順理成章的事。

自從我開始寫繪本以後，就養成了隨時注意觀察身邊出現的孩子和父母的習慣。這樣作觀察後，無論什麼時候看，都會看到毫無生氣的小孩。那些孩子臉上，完全顯露不出高興、害怕、失望、幸福等這些感情；另外他們還有一個特徵，那就是，會對沒什麼大不了的事，出現勃然大怒的過度敏感反應。

發現了孩子的這些狀況後，我再仔細地觀察孩子們的父母，發現會教養出這樣小孩的父母大致可以分成三類：第一類父母的感情表達過度沉穩，對很多事情沒有感情；第二類父母的感情表達過度激烈；第三類是自私自利的父母。

從提高父母的感性指數做起

第一類感情表達過度沉穩的父母，無論何時都是面無表情的，即使看到人，打招呼也只是把頭點一下而已。他們和周邊人的關係，也不怎麼融洽。而他們表現出自己感情的唯一方式，就是「生氣」。

第二種感情變化劇烈的父母，則只管自己發洩情緒，完全不管對方的心情。這樣的父母，在對待子女的時候，時常會有隨自己的情緒胡亂打人的傾向。

以上兩種，全都屬於不會好好讀懂孩子感情的父母。

孩子的感情和情緒，主要是從和父母之間的關愛關係中形成的。專家說，一般在八歲以前，包含認知、情緒和社會性等的人性，百分之八十就已經形成了。而在這個時期，會給孩子最大影響的人，當然就是父母了。

在情緒反應過度沉穩或過度激烈的父母底下成長的孩子，沒辦法學到處理好自己感情的方法。因此在這樣的父母底下成長的孩子，就會有幾乎沒有表情，同時對其他人的感情也毫無反應，但只要碰到與自身有關的事，他們就會很在意，嚴重時，甚至會變成具攻擊性的性格。因此為了要避免孩子淪為「冷血動物」或「歇斯底里」型的個性，身負教養重責大任的父母，就得從提高自身的感性指數做起。

怎麼樣才能提高自身的感性指數呢？首先就是要讀懂自己的情緒，只要能好好地感覺並反應情緒時，就能適切地處理好情緒。情緒又被稱作「腦的運動」，每個人都有：幸福、高興、悲傷、愛、委屈、害怕等各種不同的情緒，每當有什麼情緒冒出來時，就把它記下來，這樣不但能處理好自己的情感，連別人，特別是自己親愛的孩子，也都能讀懂他們的情緒了。

在讀自己情緒的同時，不妨也仔細觀察孩子的心情（兩者能同時進行也很好）。如果知道自己什麼情緒下，孩子會有什麼反應的話，就能從孩子的反應很容易地找出對話的頭緒了。

自私自利的父母，和孩子的關係也很功利

第三類則是自私自利的父母，這類父母是以自我本位主義為主，不會設身處地為別人著想；同時很多事情，都朝對自己有利的方向解釋。而這樣的情況，也會在子女教育中顯露無遺，不僅在必要性的對話時以單向、嚴苛的方式處理，同時處理子女的情緒，也朝壓抑的方向進行。諸如：

對在哭的小孩大叫說：「立刻停止！」

對哭訴內心苦痛的孩子，喝斥說：「你還是小孩嗎？」、「男生一生只能哭三次，不知道嗎？」

對耍賴的孩子，威嚇說：「你再這樣我就要發火了！」

這些孩子的情緒被壓抑住，無處發洩，於是就深藏在內心深處的某個角落不斷累積，一直到某天情緒再也壓抑不住、再也藏不下去時，就會以「生氣」或「攻擊」的方式瞬間爆發出來。

哈佛心理學家丹尼爾・維格納（Daniel Wegner）的「北極熊實驗」（white bear phenomenon），完全可以解釋上述的說法。實驗中分為自由組與壓抑組，「自由組」可以自由聯想所有和北極熊有關的事物；「壓抑組」則完全不能想和

北極熊有關的事物。實驗結束後，經驗一項問卷顯示，「自由組」幾乎都沒有提到有關北極熊的事，相反的，「壓抑組」提到北極熊的次數卻超出想像得多。這個實驗與上述的說法不謀而合：越被壓抑的訊息，卻反而會得到更大的關注。

感情不會因為壓抑而消失，反而很容易變成藏在心底咕嚕沸騰的熔岩。再加上，孩子沒辦法很好地感覺感情之間的差別，無論是遇到悲傷的事、慚愧的事、冤枉的事，就只會用「生氣」來表達。我們的社會，漸漸變得暴力、具破壞性，是不是就是受了自私自利的父母的影響而造成的呢？這是值得我們好好檢討反省的。

要和孩子眼睛相對地問問題

除了父母不能很好地理解孩子的感受或無視孩子的情緒外，到了孩子青春期時，父母更沒辦法好好地理解孩子的情緒。

近幾年青春期的年齡有逐漸下降的趨勢，許多孩子在國小高年級就開始進入青春期了。即使知道孩子已經在青春期，但是許多父母卻仍無法為國小就進入青春期的孩子，多承擔些什麼。

「我們家女兒的表情，只有兩種：無表情和生氣的表情。雖然最近青春期有提前開始的趨勢，但還不到國小五年級的孩子，問什麼都生氣、叫吃飯也生氣、問問功課也生氣！把這些氣都吞下去的話，我肚子真的可以放煙火了。」

然後問他，你孩子為什麼這麼愛生氣，他接著就抱怨說：「我也問了。結果，孩子又開始生氣了！」

會這樣說話的父母，可以看出他和孩子的關係已經出現裂痕。到現在都還看不出孩子的心情，只靠命令和強迫來維繫，一旦孩子進入青春期，就更加不能控制了。

這時父母不妨先檢討自己是否太自私自利？是否沒有好好理解孩子的情感？檢討過後、想清楚後，才能進行縮小和孩子之間的距離。

父母明白了自己的問題，試圖和孩子縮小距離而作對話時，最好的方法就是「和孩子以平視的高度來問問題」。我再強調一次，一定要看著孩子的眼睛來問問題、看著孩子的眼睛來對話，一旦發覺孩子對學習話題或檢查生活習慣的對話有「過敏反應」或「防衛性」眼神或舉動的話，立刻停止這尖銳性的話題。

「聽說明星A先生和B小姐談戀愛了？你覺得他們配嗎？我覺得A先生比較可惜了。」

「不管有多少女子團體，我還是喜歡S.H.E。你喜歡哪個團體呢？」

「昨天沒看到那部連續劇的結尾，後來怎麼樣了？」

像這樣以輕鬆的主題來發問，會讓孩子覺得「原來我爸媽也關心這樣的問題啊！」進而產生親近感，這對青春期的孩子來說，是較容易走進他們世界的方法之一。

「我也問過那樣的問題啊，結果只有當時改變了一點而已，話一結束，他又變回無表情了。」

聽到這樣的結果，我想給這類型的父母一句話：「沒有砍十遍還砍不倒的樹。」砍十遍還砍不倒，就砍二十遍；砍二十遍還砍不倒，就砍一百遍。只要一想到這是攸關我和孩子一輩子的事，只要能成功，砍一百遍算什麼！

話很少的父母

平常話就少的父母，談到和孩子對話，不免會感到負擔沉重。為能和孩子對話，讀了這種那種的書，仍然會有「我沒有能那樣做的自信，平常話就少的我，該怎麼做才好呢？」的想法。

事實上，話多話少和成功地與子女對話，並沒有很大的關聯。有時話太多最後變成囉唆，還不如話少呢！

不善說話的父母，我建議多以「擁抱」代替言語。有句話說：「戲在皮肉之間。」這句話充分顯示了肢體語言的重要。在溝通時，話佔的比重只有百分之七，肢體語言佔的比重足足有百分之五十五，包括聲音大小、清晰度等的意識語言，佔百分之三十八。也有腦的研究結果顯示，肢體語言比話語先發育完成。

十句話還不如一次溫暖的擁抱；充滿信賴的表情和眼神，反而更容易讓子女成長。所以，話不多的父母，在與子女對話上根本不是問題。切記，真正會「對話」的父母，不是口若懸河的人，而是很會讀懂孩子心的人。

好好地「聽」才是最棒的對話

有些父母把「對話」當成是教育孩子的一種手段，他們與子女對話時，一定會**提出某個問題，並針對該問題提示出所謂的正確答案**。不過這種固定模式，到頭來反而會成為阻擋親子對話的銅牆鐵壁。孩子小時，還看不出這種對話背後的目的，但孩子長大後，很容易就看出父母刻意營造出來的對話目的，於是這種對話會越來越讓孩子閉起嘴巴，同時關上耳朵，當父母的對話變成了教訓、變成了囉唆，不斷逼迫孩子反應時，我想孩子最後說出來的結語會是什麼呢？應該只留下「夠了！」這大吼的一聲吧！

這個時候，乾脆安靜地聽，反而是最好的對話法。然而要注意的是，身為父母的你，不是只打開耳朵就可以了，要連「心」也一併打開，如果父母的心是關上的，會在連他自己都察覺不出的瞬間，透過肢體語言傳達給孩子。而面對這樣的父母，孩子仍然是會閉上嘴的。全心、集中精神去聽孩子說話，這是告訴孩子

「我永遠站在你這邊」最棒的方法。

尋找能分享對話的媒介物

如果父母擔心自己的話少，找一個可以一起分享對話的媒介物，也是個不錯的方法。即使是再怎麼話少的人，和自己有相同興趣或相同關心的人在一起，一定會比平常多說更多話的。

就像讀書的重要性，日益被強調一樣，用書來當媒介物，也是個很好的方法。和孩子一起看圖畫書時，大部分都是媽媽讀或媽媽說明，孩子只是安靜地坐著聽。可以把這種方式反過來，不是媽媽唸、媽媽說明，而是讓孩子自己唸、自己說明，然後最後，媽媽再簡單地加上自己的想法，就可以了。這種教育方式，會減少媽媽要說很多話的負擔，還可以培養孩子的表達能力。另外讀書的時候，一般，孩子都是坐在媽媽膝蓋上，媽媽抱著他讀的，所以加上這種肌膚接觸，連親密感、溫暖感和精神上的安定感，也可以一起傳達出來了。

除了書以外，電玩、電視節目、下棋等，只要是好的活動，都可以成為和子女分享對話的理想的媒介物。

只管自己一直說的父母

和身邊的媽媽們聊天，很多媽媽都說，在和孩子說話時，時常會發現，不知道什麼時候變成了自己一個人在說。

「孩子不說話，我不知道有多難過。本來一開始，我想『一定要好好地跟他說』，結果才開始沒說多久，他就生氣地大叫了。」

好像父母都沒有任何問題似的，原因都在孩子不想講話上；好像就因為孩子不講話，所以代溝問題才更加惡化的。

真的是這樣嗎？

找出孩子不想說話的理由

美國臨床心理學家湯瑪斯・高登博士（Dr. Thomas Gordon）說，改善父母孩子之間關係的絆腳石，不是孩子，而是在使父母改變上。改善親子之間的對話也是一樣。孩子不想說話的原因，不是孩子的個性使然，大部分都是父母錯誤的對話習慣造成的。日常生活中，父母提出錯誤的話題、沒有一致性的說教、錯誤的生活態度，都是讓孩子關上話門的原因。

「媽媽和我說話的時候，就只會囉唆。所以我討厭說話。」

「爸爸一回家就黏著電視，卻不讓我看。而電視機的聲音又超大，我在房間都可以聽到。想好好看書都不行，真令人生氣。」

「媽媽每次都隨她心情說東說西。前天才說『朋友是人生中最大的力量』，今天卻改口說朋友會剝奪了許多讀書時間，這樣改來改去真麻煩。和媽媽說話，還不如依據我自己的判斷還好得多。」

「爸爸說『來說說話吧！』的時候，最好的辦法就是把嘴巴閉上。因為一回應，他就開始長篇大論了。」

「最後都是叫我要照父母的意思做，為什麼都不問問我的意見。都要我乖乖地說『是，是』。哼！以後我一定要照我的意思去做。」

孩子如果有這樣的想法，對話就連接不上了。常聽到一句話說：「氣被堵住，話就出不來了。」孩子也一樣。被輕率地對待，就只好不說了。有「討厭和會打斷自己說話的父母說話」這想法的孩子很多，這點父母應該要特別注意。

要成為敞開胸懷的父母

為了不要單方面地一個人唱獨角戲，「高明地」發問是很重要的。就是說，要問孩子不得不回答的問題。

像「你喜歡科學嗎？」這樣的問題，除了回答「喜歡、不喜歡」以外，不容易引出其他的話。但如果是「你喜歡什麼科目？」這樣的問題，就不會只回答「喜歡、不喜歡」了，而是會加上意見或說明。

像這樣的只能回答「喜歡、不喜歡」的問題，叫作「封閉性問題」。而回答時會加上意見或說明的問題，則叫作「開放性問題」。

要轉換一下問問題的方式，像「最近你最注意的是哪種遊戲？」、「你為什麼喜歡看這個連續劇？」、「這次月考，平均超過九十分是你的目標嗎？那麼你要怎麼準備呢？」像這類能問出孩子的意見和想法，才是高明的問問題法。只要問對一個問題，就能突破對話的堤防了。

不過有時即使作出了「開放性問題」，卻聽不到該緊接而來的孩子的回答。這時就要想想，這問題是父母關心的事，還是孩子關心的事。

誰都會對自己關心的領域有較多要說的話。對正在為朋友問題煩惱的孩子問說：「你喜歡哪個歌手？」絕對不會有什麼令人滿意的回答的。開放性問題雖然重要，但是在問開放性問題前，必須要先細心觀察，孩子正在關心什麼、孩子在煩惱什麼等內心的變化，遺漏了或忘記了這個步驟，這個對話還是不會成功的。

不知不覺間，就把對話變成囉唆的父母

對話和囉唆其實是一體兩面的，因為愛對方，就也會囉唆對方；因為是家人，所以即使不喜歡聽也要囉唆。對話，一不小心，就像一腳踩到路邊的爛泥一樣，很容易地就變成了囉唆。原本還說得好好的，最後竟變成了囉唆，原因就在這裡。

一發現變成囉唆，就立刻停止

話語具有令人意想不到的魔力。雖然說出後，好像它就消散在空中了，不過它絕對不會就只有這樣而已。像這樣的具有可怕力量的「話」，還會時常製造出陷阱。

時常話會生話，話會引導出話，甚至話還會左右我們的感情。剛開始想「要心平氣和地和孩子說話」，不知不覺卻變成了囉唆，原因就是在這個陷阱上。

話說著說著，漸漸火氣就上來了；話說著說著，漸漸話就變毒了，很多人都有過這樣的經驗。話說了一會兒後，也不是因為孩子有錯，我就控制不住自己的情緒，開始口無遮攔地隨心所欲地說了。當一明白出現了這種情況，我就立刻閉嘴。即使話說到一半也沒關係。「媽媽，妳為什麼突然變安靜了？」即使孩子奇怪地看著我，我也要閉嘴。然後慢慢地將注意力集中在呼吸上，再向女兒道歉，說「對不起」。

「媽媽話說著說著，就掩飾不住自己的情緒。你會不會聽起來覺得很恐怖啊？真對不起。」

然後女兒咪咪笑了起來，緊緊地抱著我。

「不會啦，媽媽。是我不對，才會讓妳那麼生氣啦！是我該說對不起。」

一下子突然長大的女兒，就這樣把我的錯誤一筆勾銷了。

父母說「都是為你好」時的錯覺

曾想過為什麼會囉唆嗎？

責備孩子，是為了要讓孩子對錯誤的行為作反省。但是如果因為囉唆，而讓孩子產生了對自我的否定的話，那就得不償失了。

「媽媽對你囉唆，都是為你好啊，知道嗎？這些都是要你變好的聲音啊！」

「有會這樣囉唆的父母，是多麼可喜的事啊，你知道嗎？不關心，就不會囉唆了。」

父母囉唆的背後，一定是這樣想的。當然，這話說得沒錯。但是，問題是在，孩子不能好好地接受囉唆上。如果進到孩子心裡去看看的話，會正吶喊著：

「媽媽心情一不好，就會囉唆得很厲害。」

「媽媽忙的事就是事，我的就不是事。」

「喊，媽媽眼裡就只看到我的錯誤嗎？做得好的時候也很多……」

這樣在心裡嘀咕，總比反抗父母好。但是在孩子心裡，已隱約出現了「是，又是我不行」、「我什麼都不是」這種自我否定的話了。

要孩子好的囉唆話，如果孩子接受的話，就也具有效果。但是根據問卷調查結果顯示，孩子最討厭的教育法就是囉唆，由此看來，囉唆的教育效果，幾乎是等於零的。

發現自己說了不該說的話；發現有很好的機會好好說話，竟說出了囉唆話的話，該怎麼辦呢？那些有一句沒一句的、無關痛癢的抱怨一出現在腦海中，就立刻把它吞下去。在我的話從口中吐出的瞬間，一發現女兒皺起了眉頭，我就毫不留戀地立刻把話吞下去。真正會使子女變好的話語，絕對不是囉唆，一定要換成對話的型態。

用囉唆改變孩子行為的技術

前面曾提到，對話和囉唆只有一張紙的差別。若不能明確地認識到這一張紙的差異的話，那你最不喜歡聽到的囉唆，就會浮現。

我們周圍應該有不少想要離婚的朋友吧！問問那些想離婚的朋友，離婚的理由竟然是因為「婆婆的囉唆」！讓我們來聽聽看，婆婆的囉唆有多恐怖吧！

「妳就要這樣生活嗎？也不去上班，就在家裡閒著，為了養活一家人，工作得骨頭都快散掉似的先生，連他都照顧不好？這樣妳先生能在外面，很威風地、說話很大聲地工作嗎？我可憐的孩子，看到他瘦得只剩皮包骨，我心裡真是難過死了……」

說到讓上班族想提出辭呈的最大原因，公司上司的囉唆，又出現了。

「李課長，叫你做的東西，你怎麼現在才拿出來啊？而且拿出來的計畫書竟是這副德性，叫我以後怎麼敢相信你，把事情交給你呢？我把整個餐桌都準備好了讓你寫張計畫書，結果你拿這種東西出來，像話嗎？非要我把飯舉起來餵你才行嗎？這些後生晚輩做事就這麼不勤快嗎？」

把這種婆婆和上司說的話，換成對話的話，會如何呢？

「賺的錢只夠勉強過活，妳是不是也覺得很吃力？我也是過來人，怎麼會不知道呢？所以妳要再努力些。有個廣告說，先生好不好要看他的太太。一面把生活弄得井井有條，一面照顧好小孩，讓先生無後顧之憂，童話故事一樣的生活，就會來了。」

「李課長，最近是不是事情比較多，很忙吧？還麻煩你寫計畫書，真是辛苦你了。但是我覺得，在新產品開發方面再多補充一些的話，會更好。在立刻吸引顧客的心的點子上，也稍微弱了點。要麻煩你再修改一下。」

哪一種聽起來比較好呢？哪一種不良的情緒表現比較少呢？哪一種會讓對方心裡溫暖起來呢？

「希望別人怎麼對待你，你也要怎麼對待別人。」

這是所有人際關係、人與人相處的黃金定律。父母和孩子間的關係，也一樣。在說話前，先想想「如果我聽到這些話，心情會好，還是不好？」，把這個當成標準來判斷一下，這樣就能明確地知道囉唆和對話的差異了。

沒辦法避免囉唆的話，就這樣做

無論孩子是在多麼受尊重、受稱讚的環境下長大，偶爾不得不囉唆他幾句也是在所難免，這時必須採行——「囉唆二階段防治法」。

第一階段是，將已說出的囉唆盡可能地減短。

一般來說，父母因為不確定孩子聽懂了沒有，會一而再再而三地重複說，緊張得一再說明。

「不要看電視了，這樣下去怎麼得了？隔壁的順慧，根本不用她媽媽囉唆一次，就知道乖乖地去做功課了。而你為什麼總是這樣呢？」

來看看這句話的核心是什麼？是不要看電視，還是叫他去做功課呢？當然，不要看電視和去做功課，兩者都是核心，但孩子卻不容易掌握媽媽心裡的意思。

然後孩子就一面好像接受了媽媽的囉唆，一面關掉電視、挾著漫畫書進房間去了。然後媽媽的囉唆又開始了。

「為什麼還拿漫畫書？不是叫你寫功課嗎，寫功課！到底要說幾遍才懂啊？難怪每天都讓老師生氣。」

其實只要說「去寫功課」，這一句話，就可以了。結果，因為核心不明確的囉唆，使得媽媽疲累，孩子也受傷。囉唆要短，稱讚要長，這是讓孩子行為產生變化、喚回孩子自我肯定的要點，這點一定要謹記在心。

第二階段，囉唆說出口後，無論何種情況，都要讓孩子知道「媽媽是站在你這邊的」。而讓孩子知道是在「自己這邊」的方法很多。

最簡單的方法是在囉唆的最後，不要加上侮辱孩子人格的話。把行為和人格一視同仁，大人、小孩，誰都承受不了。所以要堅守只讓孩子知道自己錯在哪裡就可以的範圍，其他什麼都別多說。

然而比簡單更好的方法，就是讓孩子知道雖然行為不對，但媽媽仍然一樣地疼愛他。看著電視的小孩，聽到媽媽叫他去做功課後，就把電視關掉，這時媽媽就要一面說「我的兒子真棒」，一面抱抱他。說「關電視不是件容易的事，我女兒的自我控制能力更提高了喲！」這樣也很好。

試著這樣做幾次吧！相信你就會看到孩子的行為變化，比自己預期的還高。

無法忍受孩子不聽話的父母

父母也是人，苦口婆心地說了孩子卻還是不聽，不免也會火冒三丈，不過孩子的事，越發火反而會越處理不好，問題也會越多。因為父母心裡反而會產生更多的聯想：「我怎麼會養出這樣的孩子？」、「這孩子長大後走上歪路怎麼辦？」、「孩子人生的成敗，就是我人生的成敗」……。

研究結果顯示，越沒有自信的人，越常發火。

美國南加大的納薩尼爾・費斯特（Nathanael Fast）教授，和加州大學柏克萊分校的瑟瑞娜・陳（Serena Chen）教授，進行了一項，了解「權力和常生氣」之間的關係的心理實驗。實驗結果是，有權力但認為自己無能力的人，最常生氣；相反的，有權力且認為自己有能力的人，最不常生氣。這研究的結論就是：人生氣的理由，是因為在自信上受到了傷害的緣故。

父母生氣的理由，不也是一樣嗎？把父母和孩子之間的關係，看作是上下關係或主從關係，父母有了這樣的權力，若自信不夠，是不是就容易發火？這會不會就是使父母的怒火過度增強的原因所在呢？

要爭取三十秒的寶貴時間

從大聲說話到大叫，像個不知道什麼時候會爆炸的定時炸彈似的父母，會平和地對待他的孩子嗎？在這樣性急的父母底下長大的孩子，為了免於受到傷害，一定會為自己準備好保護網的。在父母面前閉嘴，就是其中之一。

明白了「看到小孩不乖，就不能忍受」其實是自己的問題後，接下來要做的就是強化「暫停的能力」了。據說，憤怒大部分會在三十秒內完成，然後爆發出來。所以只要忍過這三十秒，就不會在子女面前發火了。

在火氣往上冒的時候，通常我用的方法是「增加距離」。在照顧孩子的時候，真的會有氣到火冒到頭頂上的時候，就在要張口罵的瞬間，想到這時吐出的一定是毒舌，就硬把它吞下去，然後跟孩子說「媽媽現在很生氣，我要一個人靜一靜」，然後一個人走進房間。隔了三十秒後，我對孩子的「氣」，就會變成

「對話」了。

這樣做，不但能讓孩子知道媽媽是處在十分生氣的狀態，所以沒辦法心平氣和地和他對話；還能避免在孩子面前發火的情況發生。然後接下來，要跟孩子說明為什麼生氣的原因，要注意，這個時間最好不要超過一分鐘，因為時間一長，又會變成囉唆了。

而且，在最後，別忘了一定要抱抱孩子。因為這樣才能讓孩子知道，父母生氣的理由是「期望你長大成為一個正直的人」，而不是因為「討厭你」。

孩子不是父母擁有的物品

和孩子發生爭執時，你都是怎麼處理的？

依據韓國京畿道女性能力開發中心的《京畿女性情報雜誌》實施的調查顯示，每十名父母中，就有七名，是用發火或放棄對話的方式來處理爭執的。有百分之三十四點二的父母會發火或生氣，有百分之三十三點五的父母是放棄對話。相反的，「用鎮靜的方法來處理問題」的父母，只有百分之二十六點六而已。

讓我們靜下心來捫心自問，在和子女發生爭執時，為什麼自己忍不住要發火或生氣？是不是因為我們把孩子視為是自己的所有物？即使「子女不是父母的所有物」這句話不知道已經聽過多少次了，雖然聽進去了，但心裡卻無法接受。

誰都不會像我，誰也不會是我，甚至連我生的孩子也一樣。

「父母不是孩子的所有物，孩子也不是父母的所有物。這是時代對我們的要求。」

這是韓國尹奉吉義士生前寄給孩子的信中的一句話。「身體髮膚受之父母」這是《孝經》裡的老觀念了，我們要將「孩子是父母的所有物」這古老的觀念，從根拔除，完全接受時代對我們的要求，才對。

三個「忍」字，孩子的人生就不同了

有句話說「三個忍字，連殺人都可免」。換成「三個忍字，孩子的人生就不同了」更合適。

許多研究結果顯示：父母的火氣，對子女的情緒、待人接物的關係、學業等許多方面，都有深遠的影響。在暴力的環境下成長的人，會時常窺探他人的眼神，或會變得畏縮。這樣一來，會使記憶和學習時必會用到的腦部組織海馬迴

（Hippocampus）因受壓力荷爾蒙刺激而損壞，無法正常發揮作用。另外，也有研究結果顯示，父母不會嚴重發火的孩子，在表現出不良行為的孩子中，只佔了百分之五；而相反的，父母一個月體罰三次以上的孩子，在表現出不良行為的孩子中，就佔了百分之二十五。因為在父母發火時，會不斷地傳達出「你是不好的」的訊息，這會對「確立自我整體性」（對自我的肯定與認同）給予致命的打擊。

父母發火的理由，都是期望孩子得到教訓，而能端正地長大。但是當你要發火時，或是你一直都是很愛發火的父母，在此衷心期望你能將「三個忍字，孩子的人生就不同了」這句話，銘記在心。

第三章

孩子的**學習能力**，取決於**對話**

- 對話是最有創造力的頭腦活動
- 培養自己看書用功的孩子
- 自我主導學習的能力，非一、兩天就能養成
- 養成製作計畫表的習慣
- 不要說服，要協商
- 成為孩子功課上的教練

該怎麼做才能
讓我的囉唆從十遍減少到一遍呢？
稱讚一遍可以抵得過囉唆十遍。
幫助孩子盡量能自我主導學習，
最棒的對話法就是稱讚。

對話是最有創造力的頭腦活動

有關「對談胎教」的效果，已被專家證實有效。孩子的腦細胞有百分之八十是在媽媽肚子裡時形成的，而胎教對談，就是刺激腦細胞最有效的方法。

不過，這樣的對話效果，並不只限於在媽媽肚子裡的時候。因為人類的腦，會持續發育成長到三十歲。**事實上在子女的成長過程中，和他分享對話，對孩子的情緒發育和腦的發育，會比「對談胎教」更重要。**

傑弗瑞・伊梅特（Jeffrey Immelt），在眾人的憂慮中，接下奇異（GE）公司第九任CEO的位置。除了是在被稱作「經營達人」的傑克・威爾許（Jack Welch）之後擔任CEO，還是在公司因美國經濟停滯、遭逢「完美風暴」，公司股票慘跌的時間點就任。但是伊梅特完全不管這些，他將GE的結構改造成未來成長產業中心，並讓自己登上成功CEO的位置。

很多人說，伊梅特的成功是他的「創意經濟」（Creativity Economy）戰略造成的。他推出的GE新品牌競賽「讓想像實現的力量」（Imagination at work），還有新的口號「現實＝想像」（Innovation＝Imagination），以及「想像力突破」（Imagination Breakthrough）計畫等，傑弗瑞・伊梅特的這些強調創造和創意的戰略，讓GE在市場上大獲成功。

即使不談GE的例子，全世界目前已進入了創造、創意的時代了。而且在這樣的一個「創造的時代」，真正的人才就是那些思考力和想像力卓越的人。

要在愉快的氣氛下分享對話

如此一來，讓孩子具有思考力與想像力，他們的未來才會更有挑戰性！但該如何培養孩子的思考力與想像力呢？

日本知名的腦科學家茂木健一郎（Kenichiro Mogi）教授，介紹了「創造力的祕訣」，這讓一般人能盡情發揮創意的方法，其中有一種就是「對話」。對話，是最日常的，最有創造力的頭腦活動。

心情好的時候和心情不好的時候，哪一種會讓讀書效果比較好呢？這似乎是沒必要問的問題。心情不好的時候，不只是讀書，其他任何事也都會掌握不好，這是很多人都曾有過的經驗，心理學和腦科學也都證實了這種情況。

荷蘭心理學家德葛魯特（Adriaan de Groot）讓心情「開朗組」和「憂鬱組」看同一本有關自然科學類的書。稍後並詢問這兩組學生。在直接詢問書本內容的實驗中，兩組的差異性不大；但若將書本內容應用在解決問題的實驗中，開朗組的人分數比憂鬱組高。這是因為在心情開朗的狀態下，腦的神經突觸（synapses），在傳送神經傳導物質方面，會變得較活躍的緣故。

另外，情緒佳心情好時，大腦在處理訊息的過程中，會讓負責思考的「大腦皮質」，與感覺情感的「邊緣系統」彼此相互影響；同時，腦中管理記憶的核心部位的「海馬迴」，也會讓壓力荷爾蒙變弱，進而影響到我們的記憶。

該如何讓孩子讀書變好，讀書有效率呢？

記住！在肯定的感情狀態時，頭腦的效率會達到最高值；同時要用稱讚和愉快的對話，來取代囉唆和負面的對話，這樣才有助孩子頭腦的活動。

很多父母，對孩子率直的感情表現，是無法寬厚對待的。他們常用「大人面前不能沒規矩」、「男生要懂得隱藏自己的感情」等等話語，來壓抑孩子的感情。但是將嘴巴緊閉、隱藏感情，對提高記憶力一點幫助都沒有。

最新研究顯示，在令人激動的場面壓抑情緒將降低人們的記憶力。

來自美國史丹佛大學與德州大學的學者在《人格研究月刊》（*Journal of Research in Personality*）上發表了一項實驗結果，他們讓五十七名志願者觀看一部令人感情激動的外科手術電影，然後詢問他們的感受、他們在壓抑情緒上做出多大努力，以及他們對電影的內容記憶多少。結果發現最努力壓抑感情的人士對於電影內容記憶最少；此外這兩位研究人員又對一百七十五名志願者進行測試。要求其中一半志願者觀看描寫人們辯論的電影時努力控制自己的面部表情，而要求另一半人在看電影時，努力去思考別的事情，分散自己的注意力。這兩組志願者在回憶電影內容時都遇到同樣的困難。從研究結果可看出，把想說的話壓抑下去不說，把自己的情緒壓抑下去不表現出來，一定會使注意力和記憶力下降。

所以，要提升孩子的注意力及記憶力，千萬別壓抑孩子的情感

培養自我理解的智能

韓國著名女單花式溜滑冰運動員——金妍兒；聯合國祕書長，同時也是韓國

成功的外交官、政治家——潘基文；還有影響全世界的比爾蓋茲，這些所謂的成功人士的共同點是什麼？答案是——具有高度的自我理解智能。

哈佛大學的霍華・卡德納（Howard Gardner），他超越一直以來的IQ概念，確立了一種新的概念，那就是「八大智能理論」（或稱「多元智能理論」）。自我理解的智能就是霍華・卡德納教授主張的八大智能中的一種。

卡德納主張的八大智能，是語言智能、邏輯數學智能、空間智能、身體運動智能、音樂智能、人類親和智能、自我理解智能、自然親和智能。其中能將自己的強項，跨數個領域相結合，並發揮最大能力，同時也是成功人士共同具有的，那就是自我理解智能。

所謂的「自我理解智能」就是能理解並感覺自己本身的一種認知能力。也就是正確知道自己的感情、行為、生活目標等，能妥適地駕馭自己的智能。和自我尊重感也有很密切的關連。擁有這種自我理解智能的人，不僅在功課表現出色，在其他所有領域，也都要求自己成功。因為自我駕馭的能力，與克服困難、為達成目標欣然接受並戰勝眼前的痛苦等的能力，都與自我理解智能很相似。

卡德納的這些智能理論，是透過社會文化的體驗，以各式各樣的方式發展起來的。由此看來，養育的環境、父母的對話技巧、對待子女的態度等，都是提高孩子自我理解智能的原因。

為了讓孩子有一個成功的人生，自我理解智能是一定要培養的，但是和其他智能比起來，自我理解智能是比較難認定的，同時也很容易就被父母忽視。

那父母該怎麼做，才能提高孩子的自我理解智能呢？答案是：盡可能地協助孩子尊重自己和肯定自己，同時了解自己的能力，並設定明確的目標，就是父母幫助孩子提升自我理解智能最有效的方法。

「為什麼除了這個以外都不行了？」、「你能做的就這樣嗎？」，和「再試一次看看！」、「你可以的！」哪些話對孩子的自我理解智能會有所提升呢？

要培養孩子的自我理解智能，最重要的就是，父母要和孩子建立起親密的親子關係，並給予孩子堅定的支持。而這也是孩子建立起自信心的開始。

培養自己看書用功的孩子

甚少有父母能真心認為「孩子功課不好沒有關係」的吧！我想即使在說這句話的同時，心裡一定也是擔心孩子成績的。

回顧一下自己的求學時期，自己主動想看書用功的次數有幾次。很喜歡讀書、覺得讀書是種享受的人，也是少之又少吧！

對讀書已經覺得厭煩的人，還要領受被父母、師長囉唆、責備的痛苦，應該會加速他們討厭讀書的速度，甚至覺得全世界最討厭的事就是讀書了。

不管喜歡做什麼，都要做到最好

爸爸問兒子，長大後要做什麼。

「我長大後想做清道夫。」

「清道夫？為什麼？」

「因為以前媽媽唸過一本叫做《快樂的清道夫》的書給我聽，我好喜歡那位清道夫叔叔啊，所以我也想做清道夫。」

一直期望孩子長大後能從事有「師」字工作的爸爸，這時突然發火了。

「胡鬧！你以後要是做了清道夫，那爸爸不是要辛苦一輩子了？還不快去看書！」

然後還對唸了《快樂的清道夫》給孩子聽的媽媽囉唆了一頓，以後不准看那種沒用的書，讀偉人傳還差不多。

還有一個爸爸，孩子的夢想是當作家。周圍的人都跟爸爸說當作家愛說空話，會變成窮光蛋，要爸爸趕快阻止。但爸爸對兒子說：

「一般人都說，要做醫師啊、要做科學家啊、要做律師啊……，但是不能誰的話都聽，要做你自己想做的事，成為你想做的人。那才對。爸爸也不能叫你做這個，叫你做那個。爸爸想說的話只有一句，那就是：不管做什麼，做到最好就對了！想做小偷。好，但手法要精湛，要所有人都認為你是最棒的。全世界的人看到你都感嘆地說：『真是神偷啊！怎麼手法這麼高明！』沒做到那樣的程度，就永不滿足。知道嗎？」

對孩子說這話的爸爸，他的兒子就是在印度出生時是賤民身分，後來成為國際經濟學者的納蘭德拉・賈達夫（Narendra Jadhav）。

納蘭德拉・賈達夫的爸爸，給兒子種下了最大、最堅定的夢想，那就是：不管從事什麼職業，都要成為該領域最棒的頂尖高手！最後他爸爸真的把納蘭德拉・賈達夫塑造成了現今的「印度英雄」。

要教他釣魚的方法

在賦予孩子用功讀書的動機的方法中，有一項就是，要和孩子時常分享有關「築夢」的對話。想像一個充滿希望的未來，對任何人來說，都是一件會令人精神一振，內心澎湃的事。會讓人想趕快長大，變成想像裡的那個人。

腦部研究指出，前額葉（Prefrontal Lobe）是思考及控制中樞，協助我們專注、控制衝動、擬定計畫與做成決策。孩子思考得越多，學習的動機就會越明確地烙印在他的前額葉上，尤其是像「我的夢想是什麼？」、「我希望我的未來會如何？」這類問題，更能刺激孩子追求夢想的動力。

《論語》說：「知之者，不如好之者；好之者，不如樂之者。」透過「築夢對話」，時常沉浸在自己未來美夢中的孩子，一定能輕鬆地克服眼前的困難，並享受那一步一步朝目標邁進的快樂。

韓國著名的荒野旅行家，同時也是國際急難求助隊隊長韓飛野小姐，曾在節目中表示，某一年在肯亞旅行時，遇到一位名叫阿善提的眼科醫生，他除了醫術優良之外，做人做事也不畏強權，即使肯亞總統來給他看病也都要預約。雖然有這樣厲害的醫術，但他卻也常去偏遠地區當義工。他跟韓飛野說，把自己的能力只當作賺錢的工具來用，太可惜了，而且當義工服務時，會讓自己心生雀躍的感覺。

和我一起看這節目的女兒，和我分享了很多對話，主要談的內容都是有關「未來要有怎樣的人生」這問題。雖然這問題對國小五年級的女兒來說，可能有些困難，但韓飛野說的話，還有我說的話，女兒都聽得懂，而且她還為自己設立了目標，說：「我也想像阿善提一樣，過著幫助他人的服務的生活；為了能那樣，我現在要用功讀書了。」

叫孩子「去看書用功」不是對話，賦予孩子「可以去看書用功的動機」這才是對話。不是要把魚釣起來給孩子，而是要教會孩子釣魚的方法，這才是對話。

想法還不成熟的孩子，不容易自己找出努力用功的動機，不過如果這時，直接透過對話，讓孩子自己找出了用功讀書的動機的話，以後，不特別去擔心他的功課，也沒問題了。

夢想越大的孩子，越用功

大部分的孩子都認為，讀書用功是件無聊且費力的事。而有助於戰勝這些困難的力量，就是「夢想」。

小四的時候，女兒的夢想是想當歌手。當然女兒心裡出現的畫面，一定是穿著美麗的衣服，在聚光燈的照耀下唱歌跳舞的歌手形象。

剛好那時候，她們學校有個科目要她們完成一份「夢想計畫書」。從十歲到七十歲，按年齡每十年寫出一個夢想，還要寫上完成夢想必須要做什麼事。我把歌手Rain的故事說給女兒聽。透過紅遍全國然後成為國際巨星的Rain他實現夢想的故事，要成為最棒的歌手，現在要做什麼，未來要做什麼，也一起討論了。

韓國天王Rain在求學期間是超級問題學生。後來當然經過了一番努力和汗水的累積，才成為世界巨星。但是，現在，他時常會很後悔地說：「以前讀書的時候少睡一點，把時間拿來讀英文就好了。」我一面說Rain的故事，一面很自然地引出「無論未來做什麼事，能在那個領域成為頂尖高手就好。而為了達成這樣的目標，現在就要培養自己持續用功的耐力。」這樣的對話。當然重點是要巧妙地隱藏住「想要強調用功讀書」的想法，因為無論如何，「用功讀書」的結論，一定要孩子自己下。

五年級的時候，女兒除了想當歌手外，也想當醫生了，她問我有沒有能一次完成兩個夢想的辦法。我就把醫生兼歌手的李智英、以前是藥師後來變歌手的周炫美這兩位，介紹給了女兒；我還說把歌手的夢先保留，努力做個醫生也很好，然後我又提到了前面說過的那位阿善提醫師。

父母雖然是守在孩子身邊的人，但孩子的特性要掌握得很好，仍不是件容易的事。孩子一面長大，令他感覺好奇的事物也時刻都不同，孩子期望的夢想更是隨時都在改變。因此要配合幼兒期、兒童初期、中期等時期，隨時試著和孩子對話，談談孩子有興趣的領域或夢想。

這時要注意的是，父母的慾望不要強加在孩子的身上。孩子小的時候，時常會有把父母的夢想當作自己的夢想的錯覺。但是長大以後，孩子漸漸有了屬於自己的世界，如果這時父母又對此壓抑的話，就會造成對話斷絕。

比起擔心孩子的選擇對錯，還不如用心地與孩子對話，並且成為他們「夢想」的導遊。「長大後想做什麼？會經歷什麼過程？要傾注哪些努力？要如何完成夢想？」這些問題透過良性的對話討論出來，經過了這樣的過程，孩子就會明白現在自己該做些什麼準備了。如此一來，為了完成自己的夢想，孩子就會盡力去做到最好。

稱讚是讓孩子用功的魔法咒語

就像魔法師施展法術時需要咒語一樣，要讓孩子自己主動去用功讀書，就需要稱讚。對孩子來說，父母的稱讚，就相當於魔法師的咒語。

為了要使稱讚具有效果，媽媽要先定好孩子的成長目標。如果目標定的是「成為一個不需要囉唆叫他去看書用功，就會自己主動去看書的孩子」的話，就要先公開地跟孩子說明，以後都不會再囉唆叫他去看書用功了，並充分說明原因，之後真的，和看書用功有關的話就絕口不提。這事實上是需要超人的耐力的。考試在即，還看到孩子在電視機前看電視或打電玩，哪個父母能忍住不囉唆呢？但無論如何都要忍住。這時父母發揮的忍耐力，會成為孩子漫長人生開出美好花朵的基肥。

設定目標後，和孩子說明之後，接著就是要適時「補捉機會」。即使大部分時間孩子好像都在玩，但一旦看到孩子主動看書用功了，要立刻像閃電一般地給予稱讚。

「哇，我的好兒子！媽媽什麼話都沒說，自己就坐到書桌前寫功課了。哇，真棒！」

即使不是看書，是要寫功課不得不坐到書桌前，也要讓孩子嚐一點被稱讚的甜味。這樣做了三、四次後，最後，孩子就會為了要獲得稱讚，而自動地坐到書桌前看書用功了。

將前述的過程再整理一下：

第一：具體地設定出孩子成長的目標；

第二：把目標跟孩子說明；

第三：找到機會，無條件地給孩子讚美。

即使時常是有些勉強地說出稱讚，但這個瞬間捕捉的稱讚，對媽媽也是非常有益的。就在說出稱讚的瞬間，媽媽也會因感覺到「我的孩子真的自己知道用功了」，而使媽媽心情變好，囉唆變少。試著做做看吧！我敢說稱讚絕對有百分之百的效果。稱讚，對父母、對孩子來說，都是魔法師的咒語。

自我主導學習能力，非一、兩天就能養成

這幾年韓國教育科學技術部強調所謂「自我主導學習」的重要性，一時之間，使「自我主導學習」變成了熱門話題。而且連補習班，也把課程冠上「自我主導學習」。每當看到補習班打出「自我主導學習」的廣告時，我都會納悶，補習班要怎麼教自我主導學習呢？「自我主導學習」，顧名思義就是，「自己建立動機，然後做出計畫並施行，並在這整個過程中，體會出用功學習的樂趣的一種學習方式」。

舉做菜為例，在做菜前要把整個過程計畫好，為誰做什麼料理？需要準備什麼材料？要怎麼去料理？全部都要計畫好。而相反的，我始終認為，想成為七星級餐廳主廚的人、業餘愛好者，或想要自己廚藝精進的家庭主婦，才需要去教廚藝的補習班。

雖然這種補習教育是有問題的，但更大的問題是，要父母指示這個、指示那個，才肯去學習的孩子。這不是自我主導學習，這是父母主導學習。

父母主導學習的孩子，在低年級的時候，功課可能還不錯，但年級越來越高，成績就會越來越差。這是因為，年級越高，孩子就越不願按照父母的心意去做，換句話說，控制孩子的主導權已經不再是父母能力所及的範圍了。

要給孩子超越自己的機會

我曾聽一位認識的媽媽，說過一個令人哭笑不得的事。一位外出處理事情的媽媽，在外面接到女兒打來的電話，女兒問：「媽媽，我可以去一下廁所，再回來繼續寫功課嗎？」聽完了這個故事，身邊其他的媽媽都笑了。不過這笑中，卻含著令人不可思議的、覺得荒謬的成分。事實上，這樣的孩子出人意料之外得多，這是因為他們已經習慣接受「做這個、做那個」的指示了。除了父母的主導學習外，現在還有更新的名詞「直升機父母」（Helicopter Parents），來形容父母的照顧已經到了寸步不離的嚴重情況。

何謂「直升機父母」？這些父母的出現源於美國九一一後，當時家長擔憂子女的生活安全，於是經常偵測他們的行蹤，就如直升機在孩子頭上盤旋，形成過分保護，延至現時，則變成「過度介入」子女的成長，令孩子長不大的父母。美國《時代》雜誌曾刊載了一些直升機父母的事例：在孩子才五歲，還不太會拿筆的時候，就請了家教；在孩子遊玩用的樹屋上，裝上寬頻網路；孩子膝蓋摔兩次，就把家中的鞦韆撤除了……。這些情形，不僅在家裡，在學校、遊樂場、農場等，只要有孩子的地方都會出現。

韓國、台灣直升機父母的嚴重性，和美國不相上下。尤其是碰到了和成績有關的問題時，那情況更會比直升機父母還嚴重，已到了可稱作「隱形飛機」的程度了。

孩子摔過幾次跤，才學會了走路；吞了好幾口漱口水，才學會了漱口。讀書也是一樣。比起國小一年級，高年級的成績比較重要；比起國小高年級，國中的成績比較重要；比起國中，高中的成績更重要，這是毋庸置疑的。所以在國小的時候，給孩子多一點自由，多一點時間吧！讓孩子一面成長進步，一面自己找出讀書的方法，並讓這些成為他國、高中能自己用功讀書的基肥。

習慣養成，至少需要一個學期

雖然說要讓孩子一面成長進步，一面自己找出讀書的方法，並讓這些成為能自己用功讀書的基肥，但這不表示父母就可以完全不管孩子的成績，或者完全不去干涉孩子的讀書方法。孩子成長的每一個過程，都一樣，父母都要扮演子女讀書法的引導者的角色。要讓孩子建立起正確的讀書習慣，也要把最好的讀書方法推薦給孩子。只要國小時期能這樣度過的話，孩子的功課就會像順風的船一樣，一路往前開去了。

我當圖書館館長的時候，有很多媽媽會問我，該怎麼做才能讓孩子喜歡看書？還有很多媽媽向我訴苦，說按照教讀書方法的書或指南做了，結果孩子仍毫無反應。

每當這個時候，我最常回答的一句話是：「你花了多長的時間陪孩子讀書？」通常這個回答會讓很多媽媽啞口無言。我想許多媽媽都是陪個兩、三天或一、兩週，看孩子沒有什麼明顯反應，就認為「我的孩子討厭書」了。

對這樣的媽媽說，「要花最少六個月，長的話一年的工夫」的話，十個有九個媽媽會驚怯地說：「怎麼等得了這麼長的時間啊？」

就像大家都知道的，不好的習慣立刻就能染上，好的習慣卻要花很長的時間才能養成。人要適應一個新環境，至少需要一百天的時間。但是很多媽媽，卻只給了孩子兩、三次的機會，就下了斷語說「還是不行」！

想要讓孩子建立良好的習慣，一定要有投注長時間的心理準備。最少一個學期，長的話一年也沒關係。對孩子長長的人生來說，承受一年的施行錯誤，那又算得了什麼呢？

替孩子定出一年的習慣目標

在女兒要上小學一年級時，我把家搬到能每天通勤、又距離最近的一個鄉村地區去了。我想讓女兒在還不是很大的時候，體驗一下鄉村的生活。剛好這時女兒班上有位同學，要離開一年，到海外去讀語言學校。而我們卻要轉學到鄉村學校來，級任老師咋咋舌頭地說了這些話：

「噢，這位媽媽，別人都是轉學出去，到國外讀書，而你卻轉學進來。妳真的要這麼做嗎？」

一想到老師當時的表情，我現在還會忍不住想笑呢。站在老師的立場，很難理解這樣的情形，但是我自有這麼做的原因。

我在女兒進了小學後，就一一定出了每年級的目標。國小一、二年級時，目標是：「在大自然中培養出寬大的胸襟」，因為我認為，在大自然中學到的智慧，除了能培養出孩子的創造力和人性外，還會成為在未來漫長的讀書過程中，非常了不起的根基。

然後在國小三年級時，再轉學回都市，從那時開始，就要一項一項地逐步建立起讀書習慣了。孩子國小三年級時，目標是：「養成製作行事計畫表的習慣」；四年級時，目標是：「養成自己讀書用功的習慣」；五年級時，目標是：「會自己做好考試準備」；六年級時，也就是現在，目標是：「養成複習、預習的習慣」。

當然習慣養成的過程中，不會一路平坦。孩子當然不用說了，連我都曾犯了許多錯誤。當發現所定的計畫，施行起來並不適合孩子時，就要和孩子再對話，將計畫再作修正。在這整個過程中，我時常要強忍著不讓自己性急起來；也有好幾次，囉唆話都已經到嘴邊了，我咬著牙，硬把它吞下去。

無論如何，我都採取「把囉唆十次，減少到囉唆一次；把稱讚一次，增加為稱讚十次」的這種對話法。幫助孩子能自我主導學習，最有效的對話法，就是稱讚了。這樣花一年的工夫，應該不會有什麼習慣，是養成不了的了。俗語說：「至誠能感動天。」媽媽的極至精誠，孩子一定也會知道的。

不要突然放開孩子的手

有天我進去網路抓些考古題，打算給女兒做點練習，結果一進去，網路上不懂有考古題，還有媽媽幫孩子每科都做了重點整理。看到這個情形，我嚇了一跳，因為這根本就不是孩子在讀書，而是媽媽在讀書了。如此一來，孩子國小的成績，是不是應該說是媽媽的成績才對？

不過，像這樣這麼花工夫在孩子功課上的父母，到了孩子進入國小高年級後，卻又會突然放手了，這種情形還滿常見的。因為越高年級，功課就越難了，已經國小畢業快二十年的媽媽，能力上沒辦法再指導很多，因此就突然對孩子說「現在到了要自己做的時候了」，就把所有責任都推給了孩子。

但是一次都沒有自己做過功課、也沒有自己做功課的習慣的孩子，媽媽一放手，就會整個摔在地上了。送去補習班也一樣。曾聽過一些上了補習班成績進步的孩子談他們的經驗談，他們說把去補習班的時間，拿來自己讀還比較好，因為在補習班上一小時數學，回家後還要再複習一小時。這也就是說，沒養成自我主導學習習慣的孩子，送去補習班效果也不大。

在國小低年級時，某種程度上，媽媽是有必要輔導一下功課的，不過這時始終要有哪一天一定要放手的心理準備，也要為哪一天不得不放手作準備，做法就是，利用二到三年的時間，一步一步地讓孩子養成自我主導學習的習慣。

回想一下第一次教孩子騎腳踏車的時候吧！一開始，父母一定是在腳踏車後面抓緊腳踏車。這時掌握腳踏車重心的人是父母。之後，當孩子自己漸漸能抓住腳踏車的重心後，父母才能慢慢地把手放開。這時如果突然放手的話，孩子很可能會摔倒，所以要保持一種若即若離、隨時能抓緊的程度，鬆鬆地抓著，而且還要讓孩子知道你仍抓著，好讓他放心。這樣直到孩子騎得很順了很熟悉了，才完全放手。

做父母的也一樣，要像教騎腳踏車一樣，要慢慢地放手，如此，即使是只有孩子一個人，他也能自己讀書用功了。

養成製作計畫表的習慣

韓國有一部關於「習慣對成績影響」的紀錄片，片中對成績總保持在前面的孩子做了「讀書習慣」的調查，發現這些孩子認為影響成績好壞最重要的習慣是「計畫與反省」。但要如何養成「計畫與反省」的習慣呢？答案就是「計畫表」。

父母先作示範

就子女教育而言，任何事情都一樣，要讓孩子養成製作計畫表的習慣，最好的方法就是「示範給他看」。這裡所講的示範，不是父母和子女一起做計畫表，而是父母直接在孩子面前，把自己製作計畫表的過程，展示給孩子看。

如果是媽媽的話，媽媽可以這樣說：「家庭主婦會有什麼事情要做計畫表的呢？每天要做的事，就是要記在表上的行事曆啊！」然後再告訴孩子，即使是每天都要做的事，也要每天都寫在計畫表上。

孩子不也是一樣嗎？每天要做的事都大致相同！每天都要做功課，每天都要看書，每天都要去補習班。不過即便是如此，將這些一一記下，並每天檢核的孩子，和沒有這樣做的孩子，結果一定會不一樣。

而且雖然每天好像都做相同的事，但實際上，並不只有那樣。付公共費用、銀行匯款、洗窗簾、找要洗的衣物等等，雖然相似但仍稍有不同的事，幾乎每天都會發生。把這些記錄下來並作檢核，這就是很棒的計畫表了。

用對話來完成計畫表

低年級的孩子，不只每天課程單純，還要他們用手每天、每天幾乎千篇一律地把它們寫下來，一定會覺得很煩很無聊。我的情況是，我用電腦文書處理系統做成一週一個單元的計畫表，內容也都寫好了，把它交給女兒。計畫表上，大部分都是「做功課、算數學題庫、看書、讀英文繪本」等，孩子可以拿它來作檢核，看看每週要做的事，做了沒有。換句話說，低年級的時候，其實重點不是在

「計畫」，而是在「確認和反省」上。

這時要注意，媽媽不要一下子一個人就把一週計畫表做好，要讓孩子一起參與製作。「上星期數學題庫第三章做了以後如何?覺得量太多，還是量太少?」、「看書，看了什麼書?」、「一天大概可以看幾本書?」、「這週喜歡做什麼呢?」要像這樣一面提問題，一面非常具體地把這一週要做的事寫下來。所謂具體，就是不能只是寫上「做數學題庫」，而是要寫出「做數學題庫第四章」;不只是寫上「看書」，是要寫出「看科學童話一本」……。

女兒從小一到小二，我一直以這樣的方式訓練，小三時，我終於把孩童用日記本拿出來，不過這時還只能讓孩子寫下自己要做的事，並在旁邊做記號，表示做了沒有，並不能拿出日記丟給女兒就放手。

「今天要做什麼事啊?」、「這次新買的數學題庫比以前更高階了，一天做三十題會不會有點吃力呢?你有什麼想法?」、「今天一定要做的事是什麼?」、「和朋友約在幾點見面?」、「今天發生什麼美妙的事會很棒?」一面像這樣問問題，一面讓女兒把答案記在日記本裡。

當然製作計畫表，不是一直都很平順的。有時我因為忙，而沒辦法跟女兒做這樣的對話;有時女兒也會因為煩，而吵吵鬧鬧地要做不做。像這樣中斷了再挑戰，也重複過好幾次。但是即使三分鐘熱度一百遍，斷斷續續做一年，只要能堅持一年，最後一定能完全變成孩子的習慣的。

拜計畫表所賜，親子對話變多了！

今年初，我和女兒買了兩本一樣設計只是顏色不同的兩本日記本。雖然是女兒挑選的，設計上感覺比較像是青少年用的，但是我想要配合女兒的眼光，於是我也高興地買了相同款式的。

每天早上，在餐桌上坐下，我們在自己的日記上，各自寫自己的計畫表。因為餐桌很小，所以女兒可以一覽無遺地看到我的，我也可以看到女兒的。

在我和女兒的日記本中，除了寫上行事計畫表外，還有對前一天的反省、和朋友或和別人的約定、突然浮現的點子等，雖然形式一致，但每天記錄的東西五花八門什麼都有，因為不是日記，所以彼此互看也不會失禮。而且看看記載了這些內容的日記，對話的話題也源源不絕地出現了。沒有誰先誰後，彼此會很自然地，把自己一整天發生的或想做的這樣那樣的事情，拿出來聊，這又變成了我和女兒一起製作行事計畫表的另一項禮物。

不要說服，要協商

說服是讓對方無拒絕地敞開心胸，以接受並貫徹自己的意志。但如果被說服的人，是較弱的那一方的話，這時，「說服」就很容易會變成「強迫」。

在父母和子女的關係上，也是一樣。雖然站在父母的立場，自己已經盡力做到「像朋友一樣的父母」了，但是在孩子的感覺上，仍會覺得自己在父母孩子之間是個弱者。

請想一下父母說服孩子的過程。由於父母比孩子年長，懂得事情與道理及生活經驗比孩子多與豐富，因此即使孩子對於父母的觀點想要開口說話或討論時，很容易被壓下來或佔下風，此時孩子心中即使不悅，也找不到話反駁，於是便容易心生委屈。所以即使父母和孩子之間的對話多暢快自然，在心情上還是免不了會陷入被強迫、勉強的感覺，彷彿踏入父母所設的「說服」陷阱裡。

要指向雙贏協商

這時有效的對話法就是協商。說到協商，也許有些父母會產生排斥感。協商的所有人都是站在「平等的立場」的。許多父母會認為孩子是要被教、被教育的對象，完全沒想到要把他放在平等的位置上。但是換個想法，把孩子也視為一個有獨立人格的個體的話，協商就是富有教育效果的對話法了。

不要把協商想成那麼的困難。

讓我們來看一個情況最單純的事例。

有個很不喜歡吃飯的孩子，孩子一坐上餐桌就問說：

「我可以只吃五匙飯嗎？」

「為什麼只想吃五匙？」

「因為我討厭吃飯。」

「只吃五匙，肚子不會餓嗎？媽媽覺得應該要吃十匙才夠。」

「不要，我要吃五匙。」

「嗯……，那麼，取五匙和十匙的中間，八匙如何？」

「太多了。不要。」

「媽媽讓步了兩匙，你也要讓步兩匙啊。」

「那麼，媽媽讓步一半，我也讓步一半，一共吃七匙半好了。」

「好，就這樣。」

定玩電玩的時間、給零用錢、送較貴的物品、定讀書的時間等等，在孩子成長的過程中，要施展這種協商技巧的機會，可說不計其數。

前面提到的協商例子，是最單純的協商，不過所有協商的基礎技巧，均已在其中了。提出雙方都滿意的有創意的提案、將對方隱藏的慾望刺激出來、為掌握協商的主導權而提問題、為促成雙贏協商而持續地對話，這些就是協商的基礎技巧。除此之外，還讓孩子學會了讓步的概念和數學計算，真可謂是「一石二鳥」之舉。

不過在作協商的時候，為使對方按照自己的意思行事，還是需要戰略的。一開始說「要吃五匙」的孩子，也可能下次上桌後會說「吃三匙」也說不定。這樣透過和媽媽的協商，就不是七匙半了，這次只吃六匙半就可以了。這些都是要注意的，要隨機應變。

雷根（Ronald Wilson Reagan）擔任美國總統的時候，負責和恐怖份子協商，說出了將協商技巧登上至高寶座的一句話：「我們生活的世界就是一張巨大的協商桌子，人生的百分之八十都在協商。」因此在家中的協商經驗，就也可以說是，將「孩子百分之八十的人生」引向成功的「寶貴資產」了。

不要去說服，要被說服

在孩子的成長過程中，父母要去揉合和孩子之間的無數次意見差異。這時不要去說服孩子，反過來，要給孩子機會叫孩子來說服父母看看，這不僅能減少糾葛的產生，還能提升孩子的對話能力和討論說理的能力。

為了說服和自己想法不同的父母，孩子該怎麼做呢？答案很簡單，把父母的想法調轉到自己希望的方向，就成功了。至於要如何才能達成，就得靠孩子建立起自己的一套理論外，別無他法。

在韓國，有父母想在孩子國小高年級的時候讓孩子開始學中文，也有孩子很討厭去學中文。這時父母就可以提示孩子，要孩子自己來說服父母不學的原因。當然前提是，為培養孩子的說理及說服能力，做父母的多少要讓步一些。

我在女兒還小的時候，就以「說出三個理由」、「說出五個理由」這樣的方式，盡量引導孩子來說服我。即使理由有點不是那麼妥當，但已讓孩子感受到，即使是很嚴重的問題，自己也不會被當作「要被說服的敵人」一樣。

這個過程反覆地做，孩子慢慢地就擁有了自己的說理能力了，甚至會展開非常精巧的說理，讓我嚇一跳。從孩子國小高年級開始，幾乎很少很乾脆地被說服過了，事實上，我被說服的次數還比較多呢。這就是孩子說理能力變強了的證明。

讓父母和孩子同時成長的雙贏協商法

那麼，讓父母也滿足，孩子也能成長的雙贏協商，是什麼呢？

第一，不要緊束孩子的要求，要找出孩子的欲求。試著和孩子作協商時，一不小心就會只執著於孩子的要求，並搓揉出糾葛。要求和欲求的差別，常比喻作，冰山看得見的部分（要求）和冰山看不見的部分（欲求）。只在冰山看得見的部分施力，整個冰山還是不會動的。

在準備去上班的慌忙時刻，孩子突然耍賴不要去托兒所了，父母不能只把它看作是孩子固執地故意「不要去托兒所」，父母還要好好地看出這背後的原因（欲求）。沒有解決孩子不去托兒所背後的原因，父母每天早上，都會和孩子為了這個同樣的問題，而吵鬧不休的。

第二，要努力促成雙贏協商。協商時始終表現出一副「要贏」的姿態，把對方趕到絕境，這樣的協商，是含有錯誤觀點的協商。讓孩子和父母都能得到滿足，孩子和父母都稍作讓步，透過這樣的協商以後，朝向一個新的方向去發展，這才叫作協商，這點要謹記。

第三，要準備有創意的提案。事實上，說這個是雙贏協商的全部也不為過。孩子發生玩電玩玩到中毒的問題時，乾脆買遊戲機以取代電玩給他，這就是滿有創意的提案。而且電玩是一個人玩，遊戲機還可以全家一起玩呢。

成為孩子功課上的教練

教練是一位能夠訓練且幫助球員的角色，讓選手和隊伍在比賽場上將能力發揮到極致，不是單純地只給正確答案或是單方面地下命令的人，而是以問題或提案引出選手潛在最大力量，誘使他們自動自發地去行動的人。

很多子女教養書說「媽媽是最棒的老師」。先不談補習教育的問題，這個提案建議要媽媽教孩子功課，雖然看似一舉兩得，但一不小心就會掉進一面雙刃的陷阱裡。因為媽媽不是媽媽了，媽媽也變成了另一個課外老師。從另一方面來看，如果父母不是老師，而是孩子功課上的「教練」的話，這樣看起來會更合適。

以信賴和同理心為基礎的教練

二〇一〇年溫哥華冬季奧運，花式溜冰皇后金妍兒的教練布萊恩・奧澤（Brian Orser），他的微笑曾變成話題。奧澤教練在比賽前對金妍兒平和且溫柔的微笑，這微笑被網民暱稱為「爸爸的微笑」。在一次訪談中，奧澤教練說：「為了使妍兒鎮靜下來而笑的。妍兒看著我時，為了能讓她紓解緊張地去比賽，就做出了這微笑的表情。」

在金妍兒出版的書《雲雀高飛——金妍兒的七分鐘夢想劇場》中，曾提到他和布萊恩・奧澤教練的關係是「用信賴和同理心緊緊地黏合在一起」的。能很好地理解自己的感情和狀況、能傾聽自己的意見、能一起定出未來的方向，能遇到這樣的教練，才可以很信任地、很愉快地在一起工作。父母和孩子之間，也要像這樣，建立起以信賴和同理心為基礎的關係才對，不是嗎？

所謂的子女教育的教練，最基本的就是，要相信子女，並盡量協助找出讓子女能再向前走出一步的必要要素。不是要告訴子女正確答案，而是在子女自己找出發展的路時，給予支援。

《雲雀高飛——金妍兒的七分鐘夢劇場》書中還提到，自花式錦標賽法國站比賽後，做不到的事，就像蓋子打開了一樣，全都冒出來了，甚至會氣到發火。每當這個時候，奧澤教練就會走過來，對她說：

「未來妳要贏過的，就是像這樣的日子。現在就是在經歷那過程啊。」

「每次都完美的話，還需要練習嗎？一直都很好，還需要這漫長的訓練嗎？」

聽了奧澤教練這簡短的幾句話，金妍兒就再次把冰刀鞋帶綁了起來。

不要做只會教和指示的老師

初期教育的年齡逐漸往下降。看看周邊，才三、四歲就已經做完兩、三本練習本了。到了七歲入學以後，媽媽又督促孩子在三、四個月就結束認字，並打算只花兩年就讓認字到精熟的程度。我個人認為，這是既浪費錢又浪費時間的做法。而且更大的問題是，媽媽不再是「代替神陪在孩子身邊的媽媽」了，媽媽變成了「教導、指示，有時不辭體罰的老師」了。

嬰兒時期，只是孩子的一個小動作，父母都會認為好棒、好可愛，而歡呼起來。之後到了三、四歲，父母的心中就開始產生了些許的欲望。我的孩子要是教一個至少能明白兩個，就好了；不這樣的話，我最好就把聲調提高，並凶惡地把臉皺起來。

我直到女兒七歲時，還沒教她認字。

第一個原因是我想把自己探索文字、認字的機會留給女兒。我判斷，萬一到七歲秋天前還不會認字，再在入學前三個月惡補地教一下，應該不會有問題。幸好孩子自己學會了讀字；到入學的時候，不太難的字她也都能自己寫出來。所以這個選擇我到現在還認為是「正確的選擇」。因為孩子對能自己認字，感覺非常的驕傲。

第二個原因是因為我考慮到不要去妨礙孩子的想像力。圖畫書裡讓孩子內心雀躍的最大力量，就是想像力了。但是我認為文字對孩子的想像力，並不能給予什麼助益，所以我以和孩子一面看圖畫書的圖，一面編造無數個版本的故事，來代替。因為是已經讀過很多遍的書，故事內容孩子已經很清楚，所以可以藉原故事的架構，再在上面添加些血肉，就可以創造出新的故事了。就因為有這樣做吧，到現在還時常聽到別人稱讚我女兒，說她比別人有想像力。

在此想叮囑有子女的父母一句話：想讓孩子比別人快認一個字，想讓孩子比別人早一年學加減，但千萬不要剝奪了孩子幸福的童年。

黛安娜・盧蒙斯（Diana Rumons）有一首詩，叫〈如果我再有一個小孩〉，詩中的詩句，比任何有關教育的話語，都令人感動。

如果我再有一個小孩，

我不要只關心他知道了多少，
我要學會更關心他的方法。
我要和他一起，騎更多的腳踏車，放更多的風箏；
在原野上跑更多次，看星星看得更久；
要更多的擁抱，要更少的爭吵；
要更常去看巷子裡的櫟樹。

我的孩子非天才

成為父母後，對孩子產生一些錯覺，是很可能的。剛一聽到他叫「媽媽爸爸」，就想到早點教他認字，將來說不定會變成天才呢。對父母來說，這是很理所當然的。不過這樣的期待，如果太過度的話，是會產生很嚴重的問題的。

媽媽們時常說：「我的孩子我沒辦法教。」這話說得沒錯。「ㄅㄆㄇㄈ」教了好幾遍，就是沒辦法跟著唸，好像魂飛了似的，這樣的孩子要怎麼教呢？

我的孩子入學後，除了才藝班以外，任何科目都沒有讓她去補習班補過，都是我監督她的功課。每當這個時候，我都要對自己像咒語一樣地反覆地唸著：

「我的孩子不是天才。」

世上有哪個父母不期望自己的孩子是天才的？每當聽到什麼資優班、天才營、明星學校什麼的，我那身為父母的貪念又升起了。可是我一和孩子面對面坐著時，就立刻將這些念頭掏空，不這樣的話，我很可能會忍不住把聲音提高、朝頭上拍下去，最後不該說的話都罵出來了。

不管是誰，只要是人都會自我防禦。尤其是對攻擊自己的能力或人格的話語，誰都會很敏感地做出反應。孩子也是一樣。

「為什麼那個也不知道？」

「到底像誰啊，腦袋那麼差？」

「你是笨蛋啊！」

聽到這樣的話，誰會對說出這樣的話的人產生好感呢？絕對不會再想和他一起做功課了，連話都不想再和他多說一句。這樣的狀態，換成媽媽也一樣。

「教一次不會教兩次，教兩次不會教十次，教十次不會教一百次。」以這樣的心來教，一定不會對孩子大小聲的。

「哇！媽媽加法才教一次，你就做對了一半。」

「（對做錯了很難過的孩子）第一次就全對的話，那幹嘛還要下功夫呢？就是不懂、有錯，才要用功嘛。」

用這樣的話對孩子說，孩子一定會說：「跟媽媽（爸爸）一起學習，是全世界最有趣的事了。」

培養出對自己有期待的孩子

比起「功課不會」更可怕的事是，孩子想「我天生就不是讀書的料」的這種自我貶抑。不過造成孩子有這種想法的，不是成績單上的分數，而是父母。

對考九十分的孩子說「為什麼會錯兩題」？孩子心裡就會想「我是錯了兩題的笨蛋」。

但是對考了八十分的孩子說：「哇！上次考七十，這次考了八十，把題庫做一遍還真的有效呢。好棒！」孩子就會感覺到：「啊！我是很努力的優等生呢！」

我女兒國小一、二年級的時候，除了「讀課本」以外，從沒有做過一本題庫；讀書習慣也是到了國小三年級才慢慢開始培養。不過隨著年級越來越高，成績也漸漸越變越好，每當這個時候，我就會這樣對她說：

「妳越來越進步，妳的未來真令人期待。」

這時女兒就會露出滿意的表情，眼神充滿了「期待自己的未來」的自信。比起父母幫孩子掛上期待，還不如協助孩子讓孩子自己給自己掛上「期待」。父母的幾句話，就能意外地，讓孩子變成會自動自發努力的孩子了。

不要指示，要成為引導者

孩子低年級時抱坐在大腿上教他，到了高年級就送去補習班了，這樣的父母很多。因為教科書內容越來越難，已經超出了媽媽能教的範圍了。我想對這樣的媽媽說，不要當教導者，要當引導者。

女兒碰上非常難的數學問題，要尋求我的幫忙時，我總是這樣說：

「媽媽從小學畢業已經三十年了，所以比起媽媽，希妍應該更會解題才對。希妍再努力解解看，等妳解出來了再來教會媽媽好不好？」

然後孩子會顯出一副「真的嗎？」的表情，就再去挑戰看看了，最後靠她自己，十題解出了六、七題。然後我就真的像學生一樣很認真地聽她說，懷疑的地方我也會提出問題反問她。這樣做能收到好幾種效果：這使她有了無論遇到什麼問題，都敢自己去解決的自信；對媽媽再解說一遍，讓她能確實地把解題法再記一次；這個過程，也變成了產生新的對話的契機。

我所做的，就只有「你比媽媽更棒」這一句話，從頭到尾我就只是扮演了「協助孩子能自己解決問題」的引導者這個角色而已。

這樣做了以後，還有不會的問題，我就和孩子一起看後面的解答並研究解題法。這時即使我沒做任何說明，也會很自然地聽到孩子發出「啊哈，原來如此」的聲音。透過幾次這樣自己動腦、自己解題的過程，不管哪裡還有問題，都能一下子就解決了。

只要好好地對話，不要填鴨式教育

首爾市教育局表示，要把國小、國中、高中的學校考試，從主觀的「單答敘述型題目（選擇題）」換成「論述型的題目（簡答或申論題）」，一時之間，很多家長便陷入了論述教育的煩惱中。無法正確感知論述型題目是怎麼一回事的父母們，又把眼光轉向其他的補習班市場去了。

雖然每個科目的內容都不同，但解答論述型題目的核心都是一樣的。透過論述型題目，以測試理解力、思考力和表現力。可以確認出，有沒有很透澈地理解學習的內容？能不能以學習的內容為基礎，產生有創意的想法？還有，能不能把自己的想法，很有條理地表達出來？像這樣的理解力、思考力和表達力，在既存的注入式、背誦式的教育裡，是看不出來的。要培養找出解決問題的書或資料的能力、思考的能力，這些只有透過基本的廣泛閱讀、對話和討論，才可能達成。

與其把頭探向補習班市場，還不如和孩子一起讀報紙。焦點不要放在較困難的社論上，從孩子比較關心的奇事或廣告開始就可以了。

「你為什麼會關心這則新聞呢？」

「你有想過為什麼會發生這種事嗎？」

「結果會變成怎麼樣呢？」

「你覺得什麼地方有問題？」

「廣告製作人，為什麼會做這樣的廣告呢？」

只要配合新聞，提出這樣的問題，誘導孩子去思考答案，即使不另外去做什麼論述教育，也可以了。一週一次和孩子一起看報紙，一起討論，就可以了，但是要明確地定出星期幾和時間比較好。因為不這樣做的話，一天拖一天，虎頭蛇尾的可能性就會很大。

第四章

喚醒孩子無限可能性的10分鐘對話法

- 培養自律性的10分鐘對話
- 培養自我尊重感的10分鐘對話
- 培養創造力的10分鐘對話
- 培養領導力的10分鐘對話
- 培養道德性的10分鐘對話
- 培養勇氣的10分鐘對話

「不要說那些廢話！
你這個小孩是怎麼了，怎麼只會說那些無聊的話？」
如果只會用這樣的話當面反駁，
或持續地把孩子的話當耳邊風的話，
孩子正在茁壯的創造力種子
立刻就會被摧毀了。

培養自律性的10分鐘對話

有句話說「孩子再大，在父母眼裡就是孩子。」這句話的意思是不管孩子多大，永遠是父母的寶貝！

但大體上，父母有將子女永遠看作是小孩的傾向。因此會認為，如果事事不這樣、那樣地加以指點的話，就不能做好。

曾看過一部和老鷹有關的紀錄片，雖然是號令天空的猛禽，牠們也有在窩裡等候母鷹餵食獵物的雛鳥階段。當窩變得越來越擠，還沒長全的翅膀就開始撲撲鼓動，並在這邊那邊的樹枝上，開始練習飛，然後在某個瞬間，奮力地朝藍天飛去，成了天空的主人。

小孩也一樣。小孩也有用自己的力量朝藍天飛去，並成為自己人生主人的瞬間。但是最近，竟出現了「媽媽男孩」（Mama Boy）、「媽媽女孩」（Mama

Girl）這樣的詞，沒辦法成為自己人生主人的成人，正在增加中。我認為，這都是因為教育沒能培養出孩子自律性的緣故。

媽媽的雙重標準有害自律性的培養

所謂的自律性，就是依據自己的原則，來決定該做什麼事；具有約束、控制自己的性質或特性。自律性發育時期，每個孩子都稍有不同，主要是在出生後十二個月到十八個月這期間開始發育；開始發育後，會特別常說「我要做！」這類的話，同時也想自己拿筷子，自己穿鞋子。

但是站在媽媽的立場，媽媽會對孩子自己拿筷子而弄得滿身滿桌都是食物，覺得很煩。即使不那樣，看到孩子又吃力又慢地自己穿鞋子，媽媽不知不覺失去耐性，也是很可能的。

這樣一來，在孩子又說「我要做！」的時候，媽媽就會脫口而出說：「媽媽幫你做！」

這樣一來，孩子從學齡前、國小、國中、高中，一直持續到成人，已經在不知不覺中，任何事都要假手父母，完全無法自行處理的不勝枚舉。而這些孩子的媽媽，也有一個共通的特徵——「行動、話語、心裡三者互相矛盾」。怎麼說呢？她們一方面把孩子該做的事做了，嘴上卻不斷說著讓孩子受傷的話語：「怎麼這件事到現在都還不會自己做？」，但心裡卻想著：「果然，我的孩子還是需要有我才行。」像這樣心口不一的情形非常常見。

韓國政府設立的「韓國青少年諮商院中心」曾以首爾地區國小四到六年級的一千名孩童為對象，針對「最不喜歡聽父母說什麼話」作調查。

結果出爐後，許多父母嚇壞了，因為以下的這些話語，幾乎天天在家裡出現：「去看書做功課！」、「你這是什麼態度？」、「不准玩了！」、「不讓你玩電腦了！」、「這種成績你能接受嗎？」、「長大後你能做什麼呀？」、「拜託你聽話好不好？」、「一直這樣對嗎？」所些話，對孩子自律性培養有著莫大的傷害。

自律性的最大特徵就是「依據自己的原則」。但是像「去看書！」、「不准玩了！」、「拜託，聽話！」、「一直那樣對嗎？」這樣的指示性、控制性的話語，是培養不出自律性的。

「這種成績你能接受嗎？」、「長大後你能做什麼呀？」也一樣。要「依據自己的原則」的話，最基本的，就是要對自己有信心。但是自信和意向被削減，聽著傷自己自尊的話長大的孩子，如何能夠建立起「自己的原則」呢？

培養自律性，首先要有安定的心理狀態和對自身的信心。當你相信「我即使做錯了，搞砸了，也不會被罵」時，自律性才能成長茁壯。

不要命令孩子

有一天，女兒問了我一個問題。

「媽媽，為什麼只有大人能命令小孩，小孩命令大人不行嗎？」

「為什麼？因為媽媽有要讓你好好地端正地長大的義務呀。在你做錯事、做得不對的時候，就可能要用到命令的話語了。」

聽了我的答覆後，女兒的臉上可以約略看出有些不是很滿意。

幾天後，我問說：「希妍啊，關掉電腦去寫些功課會更好，你覺得呢？」孩子立刻很高興地說：「媽媽，這樣就對了！」

我反問說：「對什麼？」

「就是媽媽說的『做什麼什麼會更好』的那句話呀。比起媽媽說『去做什麼』，媽媽說『做什麼什麼會更好』或『要不要做什麼什麼』聽起來舒服多了，那有我和媽媽之間沒有上下分別的含意。」

我一面聽著女兒說話，一面回想以往我的行為。平常我會一面認為不要用命令語，但是不知怎地，連要拜託的事，好像都用了命令語。

當然也有不得不用命令語的時候。絕對不能答應的事，就要用命令語；小孩犯了大錯等等，就不能有所袒護。小孩在車輛來來往往的馬路上踢球，你能問他說：「哎呀，不去那個地方會更好，你覺得呢？」

不過在日常生活中的對話，最好是不用命令句，多用拜託或詢問意見的方式比較好。

♥試試這樣的對話♥

「收一下玩具會更好，你覺得呢？」

「坐得好好地吃飯，媽媽會更輕鬆，這樣好不好呢？」

「現在好像到了應該要關電視的時候了，你覺得如何？」

要讓孩子作選擇

有句話說，人生是一連串的選擇。從「吃這個還是吃那個？穿這個還是穿那個？搭公車還是坐捷運？」等等非常瑣碎的選擇，到「要選文科還是醫科？要不要跟這個人結婚？要不要進這家公司？」等面臨人生十字路的重大決定，我們的生活中無時無刻不在選擇。

但是不熟悉選擇的人，當他要作決定的時候，做出錯誤選擇的可能性會相當高。這是因為沒有培養出內在的力量，也就是沒有所謂的自律性緣故。

試著回想一下電影《駭客任務》（*The Matrix*）。在莫菲斯（Morpheus）和尼歐（Neo）第一次見面的地方，莫菲斯拿出兩顆藥丸，並說一顆是再次回到被具有人工智慧的電腦所支配的MATRIX世界，另一顆是能知道MATRIX的實體的藥。莫菲斯確信，尼歐是能破壞MATRIX並拯救世界的人。然而他不強制要尼歐吃什麼藥，反而是給了尼歐選擇的自由。在這裡莫菲斯要強調的是尼歐的選擇權，也就是「自由的意志」。能發揮自由意志的人，無論他面臨什麼難關，他都不會屈服。

自律性受到侵害的孩子，是不能發揮真正的自由意志的。所以只要有機會，我們都該盡量讓孩子去選擇。就像肌肉需要鍛鍊一樣，透過選擇的機會，讓孩子的自律性也充分獲得鍛鍊。

但是選項太多的話，孩子會不容易選。即使是大人，在眾多選項前，也會舉棋不定，更何況是孩子。所以對孩子，最好是給他兩項或三項選項，讓他在其中選出一項即可。

這時要注意的是，第一，父母不能接受的選項，不要提示出來；第二，一旦孩子作了選擇，就要尊重他的選擇。

如果提示選擇說：「現在寫功課吧？不然，現在先玩，晚上再寫功課？」但是媽媽心裡卻期待著：「說現在寫功課！」如果是這樣的話，就不能給上面那個選擇了；因為平凡的媽媽，若孩子選擇了「現在先玩，晚上再寫功課」，很容易就會慌張、失望，甚至發火。而且孩子只要稍稍看看媽媽的臉，就能很神地窺探出媽媽的想法。

如果孩子是看著媽媽的眼神作選擇的話，這絕對不是依據自由意志作的選擇。這點要謹記在心。

♥試試這樣的對話♠

「要不要叫朋友來辦一場生日宴會？不然，辦一場家族旅行兼慶祝生日？」

「這次休假去爬山呢？還是去海邊？」

「要吃完點心再做功課？還是一面吃點心一面做功課？」

作決定同時產生責任

選擇和決定很相似，但是在責任感的比重上卻有明顯的差異。「選擇」大部分只是表示出好與不好，只是表示自己的喜好。而「決定」之後卻緊跟著責任。

「這次放假去爬山？還是去海邊？」這只是選擇。但是對一個討厭爬山的孩子說：「這次放假去爬山的話，你就可以不必收拾；但是如果去海邊的話，你就要負責收拾。為什麼呢？因為爸爸、媽媽、弟弟放假都比較想去爬山。」這就是決定。因為隨著選擇，責任也跟著來了。

在女兒要升國小四年級以前，除了在家讀英文圖畫書外，就沒有在英文上多花什麼工夫了。因此鄰居的媽媽們都很驚訝地表示：

「妳這樣會後悔的。」

「沒去上英文補習班，升到中高年級後，會跟不上的。」

「在低年級時就把英文結束，這樣到了中高年級，才能把精力全部集中在數學上啊。」

大部分都是這類的話。身邊一直聽到有人好心地忠告和提醒，我的心裡也真的開始考慮，要不要把孩子送去補習班了，但是這件事終究不能由我一個人決定，因為要去補習班的人不是我，是我女兒啊，所以我就問了女兒的意見。

「希妍啊，在學校上英文課的時候，會不會覺得很吃力？」

「不會。」

「但是越高年級，英文的文章會越來越長，要背的句型也會越來越多，要不要去補習班補一下呢？」

「我不喜歡去補習班。」

「為什麼？」

「去補習班來來去去的很浪費時間，而且聽其他小孩說，補習班的老師很多都很可怕。」

女兒在國小一年級時，在鋼琴學園曾遇到過一個很兇的園長老師，當時令她難過了好久，可能是因為這樣，所以她對補習班的老師都有些排斥吧。女兒回問我說，沒辦法在家讀英文嗎？

於是我就向她介紹了坊間的一些英文學習練習本，並跟她說要一面看和做這些學習練習本，一面朗讀童話書，兩者同時並行。然後就由她自己決定了。

女兒仔細地思考了一會兒後，她說要做練習本。就這樣一直很順利地執行著這種自我主導式的學習，而她的英文也達到了令老師都驚訝的程度，當然自己朗讀英文圖畫書，更是完全沒問題。

後來和鄰居媽媽們聊起，她們給我的回答真是傑作。

「哪裡還有媽媽會問要不要去補習班的？要緊抓著補習班的上課時間表，督促孩子『往這裡走，往這裡走』才對啊！」

很多孩子都是像這樣，跟著媽媽緊抓的時間表，奔走於家和補習班之間。我懷疑，這樣的孩子真的能學得很好嗎？

所謂的決定，就是隨著選擇之後，責任也自然而然地跟來了；這是培養自律性的必經過程。透過這樣的作決定的經驗，孩子就能更清楚地理解有努力才有收穫的法則，同時還能讓他學會對自己下的決定，負起責任的態度。

♥試試這樣的對話♠

‧對想一個人玩電玩而把哥哥推開的弟弟說：

「玩十分鐘就再讓哥哥玩，兩個人好好地玩，不搶不吵，以後就讓你們增加到玩一個小時。」

‧對想看卡通的孩子說：

「現在先做功課和看書，晚上十點再看你喜歡的卡通好嗎？不然，換成現在看卡通，晚上就要專心看書囉？」

‧在做週末計畫時，媽媽為了孩子的健康想去登山，但孩子卻要和朋友去看電影：

「如果這個週末和朋友去看電影的話，那就要和媽媽約定，到週末以前，每天都要跳繩跳一百下。由你自己作決定。」

「不行！」也是必要的

在討論「培養自律性的對話法」中，又提到「不行」這兩個字，很容易讓人覺得這是不是有點互相矛盾啊。不過為了能培養出正確的自律性，一定要說的話就是「不行」。

我曾遇過完全不對孩子說「不行」這兩個字的媽媽，理由是要讓孩子生氣勃勃。孩子長到五歲，連什麼該做，什麼不該做，都完全分不清楚。有一次在餐廳吃飯，有個孩子，不知怎麼地，一直光噹光噹地跑來跑去，根本無心吃飯，到了無法無天的程度。然後媽媽說：「還不趕快來吃飯，你那樣跑來跑去，會妨礙其他客人吃飯……」，結果孩子回答說：「我想吃就會吃，就放著吧。而且又沒有什麼客人。」

沒多久，就聽到旁邊那桌的碗盤嘩啦啦地摔到了地上，還好客人即時從座位上往後跳，才逃過一劫，坐墊全被湯弄濕了，餐廳的工作人員忙成一團。這位媽媽急忙站起來幫忙撿碗盤，並向餐廳員工不斷地道歉，但直到最後都沒有向自己的孩子說「不行」。

當然「不行」這樣的話，絕對不是什麼好話。再稍微輕一點，對孩子說「那麼，再給你一次機會」這樣的話語，在對形成孩子的自律性上，反而更好些。即便如此，也不表示，就能乾脆完全不用「不行！」這兩個字。

在孩子的圖畫書中，有一本叫做《小毛，不可以！》（*No, David!*）的書。本書的主角小毛，是個一直不斷惹事的小男孩。偷吃放在高處的糖果、全身泥地跑回家、在浴缸裡嘩啦嘩啦地玩水、把食物拿來當玩具玩……，每當這個時候，媽媽就會大叫：「不行！小毛。」

從內容上來看，這是有關孩子教育的書，好像應該媽媽們會比較喜歡，但事實上，孩子們自己也非常喜歡看。理由是，這本書會讓孩子產生「不是只有我會出錯」的同病相憐感和「自我內在的反省」。

人都喜歡成長。沒有人想永遠停留在幼稚的狀態中。孩子一面有「啊，我如果像小毛那樣的話，是不行的」這樣的醒悟，一面心智變得更成熟，孩子自己也會很高興的。

想幫助孩子正確地成長的話，該說「不行！」的時候，就要毫不猶豫地說「不行！」還有說明理由的時候，要盡量簡潔，要直截了當地說，沒有反駁的餘地最好。

♥試試這樣的對話♠

孩子：媽媽，我也想要有掌上型電玩。

媽媽：不行！

孩子：為什麼不行？

媽媽：第一，以小孩的玩具來說，它的價格太貴；第二，即使不那樣，它也會讓你的眼睛更不好；第三，會浪費很多時間。

孩子：可是我們班很多人都有。

媽媽：媽媽說了一次不行，就是不行了！

培養自我尊重感的10分鐘對話

以下這些狀況，你的孩子會怎麼選擇呢？

・碰到很吃力的狀況時

（一）我要放棄。（二）到此為止，絕不會再遇到這種困境。

・遇到要挑戰新事物的時候

（一）我不要去做。（二）好像滿有趣的。我要試一次。

・考試成績比期望的差的時候

（一）我還是不行。（二）下次準備時，要做得更好。

你的孩子是會選擇（一）的臉皮薄的孩子，還是會選擇（二）的充滿自信的孩子呢？

自我尊重感是指，肯定自己本身，並認為自己是個有價值的人。因此，也可以知道，自我尊重感高的人，會認為自己是有能力的、有價值的人，自信心和自我肯定也比較高。

「我比愛我自己更愛你。」

這句話在談戀愛的人之間常出現。但這句話要具有真實性，首先，說這話的人，必須要先愛他自己才行。然而真的所有的人都愛他自己嗎？你呢，你愛你自己嗎？

根據無數研究和實驗指出，行為、感情、動機、成就和人際關係，幾乎所有的領域，都會受到自我尊重感的影響。因此自我尊重感高的孩子，大體上，不僅學業成績會很優秀，朋友也多；在上新的課程時，也會對該課程抱持肯定的確信的態度。還有因為很知道自己內在具有什麼力量，所以即使前面困難重重，也不會放棄夢想，會規劃好未來。這也就是自我尊重感又叫做「幸福能源」的原因。

你期望你的孩子幸福嗎？你想要培養出成績好的孩子嗎？你希望你的孩子時常有肯定的、開朗的笑容嗎？你希望孩子很會安排時間嗎？你期望你的孩子是，前有挑戰也不猶豫，而且還會愛惜自己的人嗎？

那麼，就要先從觀察我的孩子的「自我尊重感」做起了。

孩子的自尊感取決於父母的對話方式

前面曾提到，美國社會心理學家亞伯拉罕・哈羅德・馬斯洛將人類的需求分作五個階段：第一階段和第二階段是，生理需求和對安全的需求；第三階段是，關愛和歸屬感的需求；第四階段是自我尊重的需求；最高階也是最後一項的第五階段，是自我實現的需求，也就是發揮自己的才能和潛能，以實現所有自己能完成的事物的需求。

馬斯洛所謂的需求，是引發未來行為的動機要因。也就是說，前一階段的需求要充足後，下一階段的需求才會發生。換句話說，要讓孩子具有自我實現的需求，並期望充分發揮自己的才能和潛能的話，父母首先要讓孩子的自我尊重的需求充分達成，關愛和歸屬感的需求也充分滿足才行。

這樣的話，對孩子的自我尊重感，有最大影響力的人是誰呢？沒錯，就是你，就是父母。

很多研究報告顯示，孩子在國小畢業時，自尊感大致已發展穩固。因此在此之前，若孩子是在一個不斷獲得肯定的、好意的感覺中長大，其自尊與自信的發展將更為完整。

「你到底像誰啊，竟會這樣？」

「你就只會做這些事嗎？沒別的嗎？」

「學學你哥哥吧！」

「不像話的話，不要說！」

聽這些話長大的孩子，和聽「你可以的」、「哇，做得漂亮」、「那麼，你想怎麼做就再做一次吧」這些話長大的孩子，誰的自我尊重感會比較高呢？

在提高孩子「自我尊重感」前，得先釐清「自我尊重感」與「自我中心的行為」之間的差異。我身旁有非常多父母，分不清這兩者之間的差異，以為讓孩子做他想做的事、想說什麼就說什麼的孩子、無論在哪裡都要以他為主等，這些要命的「以自我中心」行為，就是孩子所謂的自我尊重感，真是天大的錯誤，為人父母的我們，千萬要小心謹慎才是。

以自我為中心來行動的孩子，認為自己是最重要的人物，要接受特別的待遇。這是他們最明顯的特徵。這樣的孩子，沒辦法很好地體會他人的感情，甚至會看到，為了自己的利益而做出利用他人的行為。而這些特徵，和自我尊重感高的孩子的特徵，完全相反。

自我尊重感高的孩子，不會強要或乞求別人的關愛和關心。因為他自己已經確信自己是個有價值的人了。另外，自我尊重感高的孩子，同理心、能體會別人的感情的能力也高，而且因為具有一顆愛自己的心的緣故，他的心性也比較溫暖。

孩子過度地在意他人的眼光；為了獲得關心和關愛，會非常焦慮，甚至不惜動員所有的手段；另外因為忌妒心的緣故，時常生氣發火。這時父母就要檢視一下，自己的養育方式和孩子的自我尊重感了。

會讓鯨魚和孩子跳舞的稱讚

有一本書書名叫做《鯨魚哲學》（*Whale Done!*），描述訓練師們，訓練巨大殺人鯨表演出完美特技的訣竅，竟然是讚美，也就是說，是稱讚讓鯨魚跳舞的。很多父母都知道「稱讚」的重要性，但是真正知道稱讚根本作用的父母，卻不太多。稱讚之所以重要是因為，它除了能夠強化正確的行為，還能夠確實提高自我尊重感。

開發出檢核「自我尊重感量表」的史丹利‧庫柏史密斯（Stanley Coopersmith），他定義說，所謂的自我尊重感就是，一個人認為他自己是有能力的、重要的、成功的、有價值的。還有，在提高自我尊重感的重要要素中，最重要的就是，獲得從他人而來的尊重和接納。

對孩子來說，最重要的他人，當然毫無疑問的，就是父母了。因此父母的稱讚，會讓孩子確實體認到，最重要的他人對自己的認定。

但是即使很知道稱讚所傳達出來的價值，要做好稱讚，仍不是件容易的事。因為有很多父母明明做出了稱讚，但是卻看到孩子完全沒改變的表情，甚至有很多父母為此感到相當絕望。到底該「怎麼」稱讚，孩子才會跳舞呢？

在此，將介紹提高孩子自我尊重感的稱讚法，給大家。

為了要提高孩子的自我尊重感，第一，稱讚要具體。像「我的女兒真棒！」這種盲目的稱讚，當然時常還是需要的。但是想透過稱讚，引導孩子行為有所變化的話，就要用「哇！我們賢芝籃球比賽沒有和對手相差很懸殊，打得真好。我女兒運動方面表現不輸男孩，媽媽覺得真高興。」這種，對具體的行為作稱讚。這樣孩子才容易掌握，做什麼行為時，媽媽會覺得高興，下次就也會這樣做了。

第二，在對行為說出稱讚以後，還要加上媽媽的感覺和心情。像前面那個例子，比起「哇！我們賢芝籃球比賽並沒有和對手相差很懸殊，打得真好」這句話，「我女兒運動方面表現不輸男生，媽媽覺得真高興」這句，更能讓孩子和媽媽的感情產生共鳴。

第三，稱讚要即時。當姊姊和弟弟兩個人玩得很好的時候，當場給予稱讚，和過了好一段時間後才給予稱讚，兩者的感受是不同的。

第四，父母的期待值要低。父母會有把孩子的行為以大人的標準來期望的傾向，這樣，當然，孩子值得稱讚的事，父母無論把眼睛擦得再亮，也找不到了。所以即使是很瑣碎的事、很小的事，父母也可以把它們找出來稱讚。受到稱讚的孩子，一定會認為自己是個有價值的人的。

成為肉麻父母

韓國有首童謠：「銀子童兒金子童兒，世界天地，一等童兒。給銀子給金子，也買不到……」比起天才音樂家莫札特的自創曲，我覺得我們的傳統歌謠，含有更深的含意，因為歌詞裡原封不動地展現出了父母懇切的心和期望，期望像金子像銀子一樣寶貴的孩子，長大後能成為世界第一等的人。

對全世界的父母來說，每個孩子都是金子童兒、銀子童兒。但是很可惜的，許多父母卻把這樣的心，用了囉唆和訓誡，來表現出來。當然心裡期望的是孩子能端正地長大，但是用囉唆和訓誡，是無法在孩子心中種下自我尊重感的。

當然該嚴格的時候就要嚴格，盡可能不用囉唆來管教孩子，是很好的，但訓誡卻是必不可少的教育法。不過，在該對孩子表達關愛時，父母也有要變成肉麻父母的必要。所謂的肉麻父母，意思就是，父母要像談戀愛的戀人一樣，急切地表達出自己的心意。

看到女兒很努力的時候，我就緊緊地抱著女兒，然後這樣說：

「是誰把這麼漂亮的女兒送給媽媽的？」

聽到我這麼說，女兒就會笑咪咪地回答說：

「是山神婆婆。」

「是這樣啊。是山神婆婆啪地拍一下屁股，就把你們送到這裡了嗎？」

「嗯。」

「哇，那我要謝謝山神婆婆了，把這麼漂亮的小孩送給了媽媽。就是這樣山神婆婆拍你們的屁股，所以小朋友屁股才有蒙古斑的，對不對，給媽媽看一下你的蒙古斑……」

我就要看女兒的屁股，女兒就想躲，兩個人就開始玩起了你追我躲的遊戲，突然間我在女兒臉上又看到了好久不見的燦爛笑容。

我想在孩子心中種下自我尊重感的種子，於是我不時地、變換地說著「好漂亮、好乖巧、好聰明、做得好、好有智慧」這些話，除此之外，每次我都還會找機會隨狀況玩一些遊戲，我就這樣，和女兒在完全不覺漫長且不厭倦的狀況下，分享對話。

孩子犯了小錯，偷偷瞅我一眼說：「媽，妳看到我做的事了嗎？」我回說：「我忙著看我女兒漂亮的臉，什麼都沒看到。怎麼了呢？」就這樣，時常睜一隻眼閉一隻眼。此外我還時不時地說「我女兒好漂亮，我女兒好討人喜歡，我女兒越看越可愛，我女兒好聰明」這些話。

孩子一面回說：「唉呦，媽媽真肉麻！」一面淘氣地斜瞟一眼，那表情就像春天的陽光一樣耀眼。

沒有什麼比感受到被愛的那瞬間更幸福的了。沒有什麼比感受到被愛的那瞬間更能提高自我尊重感的了。

總而言之，不是要父母無條件地說「好棒、好棒」，該嚴格的時候，就要嚴格；該責備的時候，就要好好地責備。不過，其他的時間，要常常用話語，對孩子表達關愛。就像曾流行過的一句廣告詞說的，「沒有表現出來的愛，不是愛。」它說得很對。

♥試試這樣的對話♥

「是誰把這麼乖巧的孩子送給爸爸媽媽的？」

「媽媽好愛妳，像天一樣愛，像地一樣愛，宇宙無敵愛。」

「媽媽真是最幸福的人了，能有這麼棒的女兒（兒子）。」

好的地方也要提醒

孩子認為，對自己最重要、最有意義的人，是誰呢？毫無疑問的就是父母。專家們說過，自我尊重感從嬰兒時期就開始形成了。在換尿布、餵奶、拍背等對自己的照顧行為中，自我尊重感就已經形成了。因此，父母就有必要從孩子很小的時候就開始，不斷地讓孩子產生肯定的、好意的感覺。

我有六歲、七歲的姪子和外甥女各一人，兩個小孩每次見到我，都會像要把所有寶物現出來似的，很自豪地說：

「姑姑，這是我畫的喲。」

「姑姑，我今天吃了好多好多飯喲。」
「姨媽，我今天摔了一跤，但是我都沒有哭喲。」
「姨媽，這個娃娃的衣服是我幫她穿的。」
不停的誇耀自己。孩子會像這樣一直誇耀自己，原因就是他正在形成自我尊重感。這時我們給予他的肯定的反應，就是孩子確認自我價值的憑藉。
就如同孩子是吃父母的愛長大的一般，自我尊重感則是吃父母的肯定反應長大的。
「你幾歲啦，到現在還不會自己穿鞋子？鞋子左右腳弄錯了啦。」
「不能小心點嗎，吃飯的時候飯粒不要掉出來啦。」
「女孩要有女孩樣，竟然像她爸爸，真是麻煩。」
即使是沒特殊含意的父母的幾句嘮叨，孩子常常聽到這些話的話，心裡就會產生對自己的否定想法了。
世界上找不到完全沒有長處的孩子。想要培養孩子的自我尊重感的話，就要從現在開始，時常去找出孩子的優點，並要提醒他，讓他知道。持續地接收到對自己肯定的信號的孩子，會把這些評價當作基礎，慢慢地塑出自己的形象來。
即使是非常微小的優點也沒關係，父母要具有能找出這些小優點的慧眼。

♥試試這樣的對話♠

「我女兒的笑臉實在太美了。」

「吃飯吃得這麼好，我兒子一下就長大了。」

「我女兒這麼有好奇心，愛迪生都要哭了！」

培養孩子內在的力量

在學校待了一天的女兒，一進家門，臉上出現了不尋常的神色，好像眼淚馬上就要掉下來似的。

要趕得上節目播出時間的話，我必須在孩子一回家就立刻出門的，不過看到她這種表情，我怎麼也踏不出家門一步。

「希妍啊，發生了什麼事嗎？」

女兒朝自己的房間走去，關門前對我說了一句：

「媽媽，對不起，我想一個人獨處一下。」

我看著時鐘，在孩子房門前來回地走著。

「希妍啊，媽媽可以進去了嗎？」

「我想一個人再待一下。」

孩子的聲音裡隱約透著哭音。我好想當場開了門進去，但我極力忍住，又等了五分鐘。

「希妍啊，媽媽可以進去了嗎？」

沒有出聲，我就開門進去了，我在床邊坐下。女兒已經把眼淚擦乾，坐起來背靠著床頭板。

「現在比較好一點了嗎？」

「嗯，好多了。」

「學校發生什麼事了嗎？」

「媽媽不去電台了嗎？」

「還有10分鐘時間。」

最近學校老師要班長把班上吵鬧的同學的名字記在黑板上，好像是因為這樣，就出現了一些爭執。有個名字被記在黑板上的孩子，就在放學路上對著女兒大叫「驕傲鬼、自大鬼」。

「我寶貝女兒受了很多委屈了喲。」

「嗯，很委屈、很委屈，不過現在好了。不管別人怎麼說，我都不是驕傲自大鬼。」

然後女兒就笑了出來。我緊緊地抱著女兒並拍拍她的背。

「我們希妍什麼時候突然長大了。好像能聽到自己內在的聲音了。」

「什麼是內在的聲音？」

「所謂的內在的聲音，就是自己的內心呼叫出來的聲音。剛才希妍不是對『我真的是自大鬼嗎？』這問題，自己下了判斷說『我不是自大鬼』嗎，這就是妳傾聽自己內在聲音的表現。不管誰說了什麼，自己如何看自己，才是最重要的。世上所有的人，不是只會說希妍喜歡聽的話的。遇到這種時候，比起其他人說的話，知道要更重視自己內在聲音的人，才是成熟的人。」

有句話說，哲學開始於問「我是誰？」這個問題時。別說孩子了，大人也時常會被「我是誰？」這個問題困擾。這時，比起其他人說的話，父母應該要引導孩子能更重視自己內在的聲音。

當受害怕、不安感煎熬時，會刻意藉快樂或歡樂來逃避，於是這時很容易屈從於朋友的壓力而走上歪路，為了別人甘受毫無意義的犧牲，這樣的人多不勝數。這全都是由於沒喚醒自己內在的聲音的緣故。

會傾聽自己內在的聲音，且明白它的力量的孩子，就會具有自律性、獨立性、自信心和安全感等，這些是能使人生幸福的直覺性的強烈力量。

♥試試這樣的對話♥

「不要因為朋友捉弄的閒言閒語而傷腦筋，你更應該聽聽自己內心的閒言閒語。」

「不管別人怎麼說，你自己內心怎麼想才是最重要的。」

「試著問問你自己，它想說什麼。慢慢地想想那是什麼？你聽到什麼？你自己內心想喊出的聲音是什麼？這些就是你內在的聲音。」

要顯示對孩子的信心

即使是內在力量強的孩子，也時常會碰到「懷疑」這怪物的。

「我真的走對了嗎？我作了正確的判斷和選擇了嗎？我是個值得信賴的人

嗎？害怕的話不是應該避開挑戰的嗎？我能做得好嗎？」

面對這些疑問，還能不搖晃、站得穩的力量，就是父母的「信心」。

我女兒是那種面對要挑戰新事物時，不怎麼會猶豫的人。而且她不管做什麼都要做到最好的這種慾望，更強烈。我並沒有刻意去培養她這些，比較多是天生性格的原因造成的吧，所以她不管做什麼事，總是竭心盡力，要求自己要求得相當嚴格。

曾有一次，跆拳道一段審查和期末考試碰在了一起。她一面準備考試一面練習基本架勢，結果嘴唇都腫起來了。跆拳道場也為了學員能通過審查考試，而火力集中地練習著。

我一看不行，我就建議說一段審查兩個月後還有一次，要不要到那時再來考，結果女兒固執地說，這次一定要取得一段證書。

就這樣有一天，從跆拳道場回來的孩子，打開玄關門進來後，突然豆大的眼淚滴嚕嚕地掉了下來。

「希妍啊，怎麼了？發生什麼事了嗎？」

我驚訝地跑過去摟著她，孩子頭靠著我的胸說：

「明明在家都練習好了，結果一到跆拳道場，基本架勢全都記不清楚了。」

「所以師父生氣了？」

「不是，不是那個……我是氣我自己。我的頭腦是不是有問題啊。昨天我還一面看書一面利用每次休息的時間作架勢練習呢。」

孩子有每看書五十分鐘休息十分鐘的習慣，因為跆拳考試的關係，休息的十分鐘就拿來練習架勢了。

「既然這樣，弄得這麼辛苦，為什麼這次一定要參加一段考試呢？幹嘛要這樣折騰自己呢。」

孩子難過得眼淚在眼睛裡打轉。

「希妍啊，這次一定要參加一段審查嗎？」

「嗯。」

「要這樣一面看書一面這麼辛苦嗎？」

「即使這樣，這次也要參加。我已經決定好了。」

「好吧，既然妳那麼相信妳自己，媽媽就也一樣相信。」

「媽媽相信我會做好嗎？」

「當然，我女兒不是做什麼都會拼命做好的人嗎，有韌性、有耐力，到最後一定會做到最好。媽媽對我女兒這點有充分的信心。」

孩子擦掉眼淚，開心地笑了。

沒有什麼會比父母的信心，帶給孩子更強而有力的動力的了。要把你對孩子的信心傳達給他。不要光心裡對孩子有信心，要把這信心直接說出來。

♥試試這樣的對話♠

「爸爸媽媽都對你有信心。」

「你是作出正確選擇比作出錯誤選擇多得多的孩子。這次我也相信你的選擇。」

「你知道日新又新這話的意思嗎？就是每天都更進步的意思。你就是這樣的孩子。你是那種未來會更令人期待的孩子。」

責備後如何收尾是很重要的

在養育孩子的過程中，許多父母責備的時間佔了大半。每當孩子犯錯，就威脅著說「你那樣就要挨揍了」，然後就是不停地囉唆，甚至還會施加體罰。就這樣一直跟孩子鬧、糾纏，甚至有媽媽到了晚上累得嘴巴都張不開了。

雖然這種威脅、囉唆、體罰，也許能獲得一時的效果，但根本的問題並沒有解決。等到了孩子進入青春期，能脫離父母的控制領域後，這些未解決的部分可能又會冒出來引起更大的問題。因此責備，也要在不傷害孩子自我尊重感的範圍內，要稍微更有智慧地去施行，這也是需要的。

首先，要想清楚是為了什麼目的而責備孩子。是為了要孩子好好地聽父母的話？還是為了要孩子反省自己的過錯並改善行為？

如果是為了孩子自己本身好的話，第一，要具體地指出孩子的錯誤行為，並盡可能地縮短責備的時間。

第二，像「你為什麼是這副德性？」、「你想長大變成什麼樣啊，這副德性？」等侮辱人格的囉唆，不要說。

第三，因為孩子的行為，使父母產生什麼感覺，要正確地說出來。

第四，這部分也可以說是責備的核心，在給孩子的反省時間結束以後，一定要輕輕拍拍孩子。父母責備孩子的原因，為的是要幫助孩子，讓他能在反省自己的錯誤以後，能自己作出明智的選擇，而不是要傳達「你是沒用的小孩」這類訊息。

因此，在責備最後收尾時，要傳達出「你是乖小孩，你是好小孩，媽媽（爸爸）是愛你的」這樣的訊息，要維護孩子的自我尊重感。

♥試試這樣的對話♠

媽媽：你今天回家沒做功課光在玩電玩，違背了在媽媽回家前把功課做完的約定，所以媽媽現在非常生氣。

孩子：……

媽媽：你對你的行為有什麼想法？

孩子：我錯了。以後一定先做功課。

媽媽：（抱住孩子並拍拍他的背）好。雖然今天你的行為不對，但媽媽知道，你作出正確選擇的時候更多，你是個有智慧的孩子。媽媽愛你。

培養創造力的10分鐘對話

有句話說：「不要抓魚給他，要教他抓魚的方法。」不過最近後面又加了一句：「不要教他抓魚的方法，要讓他想像大海。」

社會渴求有創意的人才，在這個資訊爆炸的時代，隨手都能得到知識，但如何將知識收集、選擇、變更、擴張與再創造，並將它適切地運用出來，才是重要的。而這種能綜合並應用資訊的能力，就是所謂的創造力。

何謂創造力，這個名詞對四十年次、五十年次的父母來說，是個相當陌生的名詞。

創造力是IQ和EQ的綜合體

「媽媽，一百元鈔票十張加起來，為什麼是一千元呢？八百元、九百元，接下來應該是十百元才對啊！」

「聖誕老公公為什麼不跟我們一樣坐汽車，而是坐雪橇呢？」

孩子說的話，時常都是既荒誕又大膽的，但是他們驚人的奇異發想才能，卻是大人所望塵莫及的。畢生研究兒童話語的俄羅斯兒童文學家楚科夫斯基（KКорней Иванович Чуковский）說：「所有孩子都具有語言天才。」

但是這種大膽、奇異的話語，並不就是連結了創造力而產生的。因為就創造力來說，除了突發奇想和大膽的點子以外，還要結合好幾種要素。

世界英才學會會長，也是德國漢諾威大學的克勞斯・伍爾班教授（Klaus Urban）指出，創造力的構成要素有六種：獨創性和融會貫通等的擴散性思考力；對特定領域所擁有的知識和技術的，知的能力；集中力和韌性；好奇心和溝通意思的能力；對危險的應付能力；幽默感。能統和我們常講的IQ這認知領域和EQ這情緒領域的，就是創造力。要培養孩子的創造力，就要讓孩子均衡地發展上面所說的這些構成要素。

創造力的基礎，由對話培養

孩子的幼兒期和國小時期是創造力發展的關鍵期，創造力發展專家表示，三歲小孩的創造力還在起步，到七歲前後是創造力變化最大期，而到了十二歲以後，就幾乎沒有什麼變化。

其中幼兒期的兒童更可說是創造力的寶庫。無心地吐出的一句話，就能成為一首詩；放在那邊的一張椅子，可以當成各種東西而有新的玩法，這就是孩子。

教一點創意都沒有的大人，面對孩子天馬行空的創造力，就好像是對牛彈琴。然而父母不一定要理解孩子的創意，也不一定要全盤認同孩子的創意，只要在一旁稍微輔助和配合，不要抹殺孩子創造力，更不要讓冒出芽的創造力種子乾枯，就可以了。

「不要說那些不三不四的話！你這小孩是怎麼了，每次都說這些怪裡怪氣的話？」

「椅子是拿來坐的啊。這樣在地上刮，椅子會壞掉！」

像用這些話當面駁斥孩子，或持續地無視於孩子說的話，孩子正在成長中的創造力種子，很快就會乾枯掉的。

二〇〇九年世界學生創意奧林匹克大賽，代表韓國出賽，並第一次讓韓國拿下優勝的首爾啟成國小「聖母隊」，該隊指導老師朴尚民在接受新聞專訪時說，他並沒有特別對開發學生的創造力做些什麼，他只是會「包容並理解學生大膽的問題和時常是荒誕的的回答。老師有一顆開放的心最重要。」

不僅是老師，在家裡的每一位父母也一樣。

發問、發問，再發問

孩子們漸漸長大，話語越來越豐富，同時，思想框架，也以大人無法想像的程度在擴大。再加上，因為沒有規定好的標準或範圍，所以他們可以自由自在地想像。在這個過程中，創造力也一起成長了。這時父母要給的創造力起始教育，就是對話，最好的方法就是「發問」。

「我們不提問題，問題就已經多到讓我們頭痛了，再繼續提問題還得了？」我想這應該是不少父母的心聲吧！父母會這樣想其實不足為奇，主因是此時孩子們的問題都相當荒誕不經，搞得父母不知如何回答，甚至是不想回答。不過，這段時間是非常時期，因為孩子創造力正在發展的時候，假若此時對孩子的問題，只是虛應故事地回應或辯駁，甚至強硬地注入所謂正確的知識，對孩子創造力的培養，只有減分的結果。

蘇格拉底說：「對話是讓對方的理性得以淨化的活動。」而且他還開發出了獨特的教授對話的方法，核心就是「發問」。透過集中地提問，讓學生對自己的想法產生新的視野。

對孩子也是一樣。用像「你為什麼會那樣想？」這樣的問題，讓孩子去思考。當然，可能的話，要以孩子熟悉的方面來問，此外，要營造一種，容許自由發揮地說出任何答案的氣氛，這是最基本的。

至於「發問對話法」是由誰發問，則不設限。由父母先，很好；由孩子先，也可以。

當孩子問「媽媽，為什麼冰溶化會變成水？」時，不要依孩子的思考水準或能力，找出合適的答案回答後，就結束了，要繼續問「那麼雪溶化後會變成什麼呢？糖溶化後會變成什麼呢？乾冰溶化後會變成什麼呢？」、「冰溶化變成水，乾冰溶化為什麼會變成氣體呢？」讓孩子思考的幅度快速地擴張開來。

只靠小耳朵，就讓十五歲、十歲的兩兄妹，讀上美國知名大學的平凡家庭主婦陳慶惠說，為了培養孩子的創造力，她的態度較接近「任何事都沒有最好的、完全正確的答案」。還有她說，她反覆地一環接一環地提問，誘導孩子動員想像力和創造力來解決問題。想培養孩子創造力的父母，這些話要謹記在心。

♥試試這樣的對話♠

「如果白雪公主沒吃蘋果的話，會怎麼樣呢？」

「現在我們用的杯子，不能做成其他的形狀嗎？」

「因為環境汙染的關係蜜蜂漸漸變少了，萬一都沒有蜜蜂了的話，會發生什麼事呢？」

玩「如果……的話」的遊戲

書一出版即被全世界翻譯成各種語言，每部作品都賣到數千萬本的超大型暢銷書作家史蒂芬・金（Stephen Edwin King）曾告白說，他大部分的作品都是從思考「如果……的話」發展出來的。

從「如果吸血鬼們攻擊新英格蘭的某個小村莊的話？」這問題，催生出他的《The Mist史帝芬金之迷霧驚魂》這部作品；從「如果一個因前夫死亡被懷疑後無罪釋放的女傭，又被冤枉殺害主人的話？」這想法，開始了他創作《桃樂絲的祕密》這部書；「如果年輕的媽媽和她兒子被瘋狗追，又被關在故障的車子裡的話？」、「如果世界末日來的話？」種種問題，不斷在史蒂芬・金的腦袋裡浮現，於是他把這些想法很有趣地編織成書，就變成了暢銷書作家了。

德國大文豪歌德（Johann Wolfgang von Goethe）的母親，她的讀書指導法，可以說也是從「如果……的話」轉變而來的。歌德小時候她的母親會在床邊唸故事書給他聽，但是一定會在唸到故事結尾時把書蓋起來，然後跟歌德說「接下來會怎麼樣呢？你試著把故事完成看看」。這也等於是問「如果你是作者的話，你要如何結束故事呢」，也算是一種創意教育。

在創意點子發想法中，有試著「交替、結合、改造、修正、擴大縮小」的方法。這方法也是以「如果……的話」為出發點的。

「如果椅子當作其他用途來用的話？」、「如果把椅子和餐桌連起來的話？」、「如果把椅子縮小看看的話？或者做得更大的話？」像這樣把想法不斷擴大出去，就是發想出創意點子的方法。

像這樣的「如果……的話」的提問法，會成為讓孩子的思考力和創造力既深且廣的促進劑。
和孩子搭車作長途旅行時、和孩子一起登山時、把浴缸接滿水和孩子一起泡澡時，像在這些時間比較充裕的時候，就可以丟出「如果……的話」這樣的問題。一方面很有趣，一方面又能很自然地完成創造力教育。

♥試試這樣的對話♠

媽媽：長時間坐車好無聊，我們來玩「如果……的話」的遊戲吧？
孩子：那要怎麼玩？
媽媽：嗯……舉例來說，就像說「如果我是人魚公主，我沒有變成人，而是王子變成了人魚王子」類似這樣的話。
孩子：哇，好有趣啊。我先說。如果我是媽媽的話，我絕對不要叫孩子去做功課，而是想買什麼就買什麼給他。
媽媽：你說什麼？
孩子：哈哈。媽媽，這只是遊戲啦，遊戲！

創造力在失敗中成長

「橡皮筋要再綁緊一點啦。像這樣綁得這麼鬆，無動力飛機怎麼飛得起來？」

「交給你做，不如我自己做，還方便些。」

「這裡要這樣對準才行。拼圖的角一個都對不好嗎？」

像這樣孩子一點點小失誤或弄錯都不輕易放過的媽媽，還滿常見的。

還有很多媽媽，會把孩子突發奇想的話，像切蘿蔔似的，俐落地全盤否定。

對「媽媽，月亮跟著我呢！」這樣的話，回答說「對耶，你觀察得好仔細喲，是這樣沒錯」；對「白雪公主真笨，為什麼總是不把門關好呢？」這樣的問題，教導說「這個故事的宗旨，不是要告訴我們這個，而是要告訴我們善有善報啊。」

而且，小失誤或弄錯，還能或多或少變成創造力的基礎呢！

「愛迪生孵雞蛋」的故事大家都耳熟能詳；「抗生素盤尼西林」是蘇格蘭生物化學家亞歷山大・弗萊明（Alexander Fleming）因為把實驗失敗的細菌培養皿丟在一邊沒清洗就去放假時，偶然間培養出來；現在隨手可得的便利貼，則是3M

公司研究員史賓塞・西爾佛（Spencer Silver）在研發強力黏著劑過程中，意外開發出來的。

孩子更是一面在遭受失誤和想法錯誤中，一面成長並發育的。當父母能對孩子的失誤和錯誤寬厚對待時，孩子才能毫無懼怕，甚至抬頭挺胸地，把自己的創造力向外展示出來。

♥試試這樣的對話♠

「好，再試一次。」

「這方法好像行不通。那麼換換其他方法如何？」

「也可以那樣想想看。」

「你要不要再把可試試看的方法條列出來看看？」

孩子的幽默要大聲笑出來

幽默與創造力是一體兩面的雙胞胎，他們在認知歷程與反應上有其相似之處，當思想跳脫一般脈絡，可能產生有創意的發想；而當回答出非你預期的，甚至是大膽的回答時，也會令人發笑，這就是幽默。曾有研究指出，聽喜劇演員幽默錄音帶的組群，創造力水準較高。

除此之外，幽默和創造力都是從肯定的思考中發祥出來的，這也是它們的共同點。因為幽默和創造力有這麼深的關聯性，最近甚至有企業定出FUN經營的方向，就是認為幽默能刺激員工的自發性和創造力，進而提升生產力的最大利器。

這樣的話，我孩子的幽默感，該怎麼做才能培養出來呢？

當然，如果父母本身就具有幽默感，那麼在這樣家庭氣氛長大的孩子，一定較有幽默感，但即使父母沒有幽默感，也不用擔心，只要在孩子幽默的時候，無論是說什麼故事，或是多麼冷的笑話也不用介意，「你說的話真有趣。你真是個幽默的小孩。」身為父母的你，只要這樣真心講出來，同時大聲地笑出來，也能逐漸培養出孩子的幽默。

對主持人或喜劇演員來說，最尷尬的狀況莫過於講了一個想令人發笑的笑話，觀眾的反應卻是冷著一張臉。這樣的狀況如果換成孩子，當他為了想使爸媽發笑，刻意說些話或做些動作，卻看不到任何反應的話，甚至是遭了父母的白眼，我想他應該不會有再做第二次的嘗試了吧！

♥試試這樣的對話♠

孩子：媽媽，我想說一個很有趣的冷笑話。

媽媽：什麼冷笑話？好期待啊……

孩子：猩猩跟猴子很怕一種線，請問那是什麼線？

媽媽：噢，這是……

孩子：平行線，因為沒有相交（沒有香蕉）。

媽媽：哈哈哈哈。哇，有夠冷！

孩子：還有，媽媽，馬、虎、狼三種動物，請問是誰把龍藏起來了呢？？

媽媽：哇！這我知道！是虎，因為「臥虎藏龍」！

孩子：哈哈！不是！是狼！

媽媽：狼？為什麼？

孩子：因為「wolf（臥虎）」藏龍！！

媽媽：（一面拍手）哇哈哈……你好有說笑話的天才啊！！

培養領導力的10分鐘對話

有句話說「寧為雞首，不為牛後」，把它再延伸解釋，就是要做領導者的意思。所有的父母都期望自己的孩子能成為領導者。因此，如果父母看到自己的孩子，總是跟在朋友後面追著跑，朋友說什麼就照著做；不敢發表意見，不敢表現自己；選班長，每次都選不上的話，心裡就會焦急萬分。以孩子為對象的領導者營，之所以會那麼受歡迎，原因就在此吧。

一般在提到領導力時，大多數人腦海中浮現的應該就是，一呼百諾、號令天下的絕對領導或完全主導的情況吧。因此，說到「有領導力的孩子」時，就會認為是在班上擔任班長的孩子，或是被朋友追隨著、圍繞著的孩子。這雖然不是完全錯誤的說法，但領導力專家說，那並不是對領導力正確的理解。

小孩子全都是領導者人才

那麼真正的領導力是怎麼樣的呢？

培養美國社會領導者的哈佛大學定義說，領導力是「在具挑戰性的機會中，豎立明確的遠景，為能突破現實前進，而採取動員組織或社會的活動」。這也提示了，偉大領導者的條件是：人格、判斷力和直觀力。

有人說二十一世紀和過去不同，它是個水平的社會結構。現在已經不是說一句「跟著我走！」就能驅使人動起來的時代了；而且，現在也是個「每個人都是自己生命的主人」的時代。為孩子高高豎立「做自己生命的主人」的這目標，就是在培養二十一世紀型的領導者。

為了要把孩子培養成二十一世紀型的領導者，學校和社會扮演了相當重要的角色，但，和孩子最親近的父母，還是最重要的。父母自己也要變成領導者才行。

可能有父母會這樣說：「直到現在，從沒站在人前一次的我，能成為領導者嗎？讓孩子不成為領導者，還容易些吧。」但是其實不需這麼杞人憂天，因為在家庭中，父母就已經是家庭的領導者了，而父母所要做的，只剩下帶領著孩子往

「真正領導者」這條路邁進！

把哈佛大學定義的「真正的領導者人物」，代換成父母也可以。因為父母具有「把孩子教養成端正的偉大的人」的這個遠景和夢想；把這個夢想向孩子說明並說服，只要能讓孩子共同參與父母的夢想，父母這家庭領導者的角色，就可算是成功了一半了。接著，父母要尊重孩子，孩子要信賴父母，再透過彼此間的對話、討論和協商，能為實現遠景而合力設定出方向的話，任何父母都算是家庭中偉大的領導者了。

從現在開始，要透過之前說過的對話法，讓孩子感染父母的遠景和夢想；還要盡可能將夢想具體化，要不斷地對話、討論、協商，和子女一起朝遠景和夢想前進！孩子是模仿的天才，透過父母的領導，孩子也能體會到正確的領導力是什麼了。

父母要具有的領導力是感性領導力

還記得韓國連續劇《大長今》吧。經歷無數困境，在慘痛經歷間成為第一女醫的長今，她的人生是一波又一波的逆境，但把長今培養成材的韓尚宮，她的領導力，更是長今成功的最重要關鍵。有評論把韓尚宮的領導力定義作「女性主義的領導力」，但我想稱它為「父母的領導力」，因為對長今來說，韓尚宮是老師，但也是母親。

韓國領導力中心（Korea Leadership Center）的金景燮代表說明說，根據某輿論媒體的分析，將韓尚宮的領導力分作三種：

第一，信賴的領導。韓尚宮以信賴為基礎，引導長今盡可能發揮自己的能力。在長今失去味覺的時候，激勵長今說：「要相信妳自己。妳不相信妳自己的話，就相信我吧。」在濟州島回鄉的路上，被長今揹在背上的韓尚宮說了一句話，也是值得父母謹記在心的：

「妳不是贏在能力卓越上，妳是贏在不休息地往前走。所有人都停下來時，妳卻睜大了眼睛再出發。妳是即使被冰雪覆蓋也會開花的花種子啊。」

沒有韓尚宮這樣的信賴和激勵的話，長今果真能跳躍所有逆境，達成自己的夢想嗎？

第二，良心的領導。就是韓尚宮以端正的品性和不耍手段、術數的實力，來決勝負的這種領導力，這也是韓尚宮能受到許多人信任的主要原因之一。「無論如何要第一名才行。即使把朋友踩在腳下，也要爬到最高才行。」你是不是也有這樣自私自利的心呢，這是值得大家好好反省的。

第三，感性的領導。歷史劇造成風潮後，目前也成為話題的連續劇《善德女王》我也看了一下，飛潭的老師文奴那看不太出來的領導就是「感性的領導」；調教胡作非為的飛潭的善德女王的領導，也是「感性的領導」。不僅值得人信賴和相信，還能感動人心的領導，誰不跟隨呢？

要告訴孩子獲得信賴的方式

領導要信賴組員，組員也要信賴領導，這是最基本的。要培育自己孩子有領導力的話，就要告訴孩子「取得信賴的方式」。所有價值觀的傳遞都一樣，不是靠教訓或一場演講就可以教會的，要在生活裡、對話裡傳達出來，並使它具體化。

最近在學校許多課程中，都在施行分組學習。三、四位同學一組一起活動，彼此互相合作，一起發揮力量。順利完成目標的有，但是相反的情況也不少。

「媽媽，我今天在學校真是難過。」

「為什麼？」

「美術課分組活動做我們的村莊，一個傢伙一直說他要自己做，不要人幫忙。昨天大家分配工作，我說大家要分工合作，各自做一部分再組合起來，他還是說他要自己做，還弄出很大的聲音，真是麻煩，不知道該說什麼。」

「後來怎麼樣了呢？」

「後來大家就只好忙著做自己的部分了。但是那個人的分數很糟，結果分數平均後，所有組員的成績都是C了。」

從學校回來的孩子說出了這種話的時候，你該怎麼回答呢？

(一)什麼，有這樣的傢伙？怎麼不告訴老師呢？

(二)你們應該很氣那個人吧？

(三)真的會很難過。不過，要分組活動最大的原因之一，就是要所有組員一面相互幫助一面完成任務，這是最大的意義所在。如果你做得好，那個人不就會請你幫他忙了嗎？

深思熟慮、態度一貫、身先士卒，是領導者獲得組員信賴最好的方法；換個角度說，比起卓越的工作能力，這些素質，可以說是更重要的。會替別人著想、以一貫的態度來擔任工作、即使再困難的事也能身先士卒，這樣的小孩，即使名義上不是領導者，不知不覺中他已經算是領導者了。

我們要教導孩子：雖然把各自的工作做好是很重要的，但把一個個組員團結起來，並將這股力量當作原動力來完成目標，更重要。這樣組員對領導者的信賴就會更深了。

要注意過程

比起結果，更重視過程的對話法，會影響所有品性的培養，尤其是對領導力的培養更是重要。為了成為領導者，設定目標和遠景是很重要的，但是若在完成這個目標的過程中，領導力的正當性無法獲得確保的話，就沒有辦法繼續引導組員了。

在說正題之前，再來看看《大長今》的故事。在韓尚宮、崔尚宮較勁的時候，要小計謀的長今被保母尚宮送去做藥房中人。在這裡長今才醒悟韓尚宮為什麼扔下了自己，而後悔不已。

長今：即使結果不好，她仍稱讚我，她從不批評我的小聰明，無論何時或無論發生什麼事，都說我很努力。但事實並不是那樣，那時我做的努力，是為了想贏而做的努力；即使來到這裡，我也仍然只努力於學別人的祕法，只想走捷徑。

然而很多事是不能取巧的，就像治療爛瘡是沒有什麼祕法的，治療爛瘡唯一的辦法就只有汗和至誠而已。我的小聰明對我來說其實是毒，讓我變成了只能靠小聰明贏的人。

閔政浩：我還是很羨慕妳的，因為妳有一位好老師。雖然她不批評妳，但她一直都很擔心妳會以完成目標為藉口，而成為不擇手段的人

在這個即使耍手段、違法亂搞也要贏的氣氛下；在這個競爭這麼激烈的社會中，想要清清白白、憑良心地生活，不容易。因為父母那唯第一名是求的貪念，逼得子女做出不正當的行為；當目標只有進一流大學時，要和朋友展開善意的競爭，更是困難；為消除一時的危機，可能就會毫不猶豫地耍了計謀或說了謊。但是即使是動員了計謀、手段，甚至違法來消除危機，而爬到頂峰，他也絕不會在那個位置上待很久的。

如果你希望你的孩子能成為真正的領導者的話，要培養他們成為知道汗和精誠的人，而且為此，父母要先把注意力集中在過程，而不是結果上。

當其他的孩子每週花一天背英文單字，而你的孩子還在背ㄅㄆㄇㄈ時，對他說「你是有恆心毅力的」；長跑時，比其他孩子慢了好一會兒才轉彎的孩子，摸摸他的頭說「你是意志堅強的孩子」；孩子努力用功了，考試成績卻仍然不理

想時，可以稱讚孩子說「你是誠實的孩子，總有一天會成為大人物的」。要像這樣，讓孩子明白，過程比結果更重要。

孩子帶來好的結果時，也一樣。

不要說「這次考試一百分，我兒子真聰明」，而應該說「因為立了計畫並切實執行，所以才會得一百分」，或說「努力地做好預習和複習的工作，果真有效」。要盡量把焦點放在帶來好結果的過程上，這樣來作稱讚。

透過這樣的對話法，讓孩子知道不是只有結果重要，同時也讓孩子明白了，正正當當地贏的方法。

要告訴孩子服務的價值

最近「軟性領導」（Servant Leadership）這個名詞正受到矚目。以3M、英特爾、HP為首的許多企業，都在教育訓練計畫中，將軟性領導工作室納了進來。以領導韓國社會四十年的精神指導者，而受人追仰的金壽煥（註一），他初期的生活更是軟性領導的寫照。

軟性領導可以解釋成「侍奉的領導」、「服務的領導」。這是和經營有關的教育專家羅伯特・格林利夫（Robert K. Greenleaf）介紹的領導力。格林利夫透過赫曼・赫塞（Hermann Hesse）寫的《流浪者之歌——悉達多求道記》（Siddhartha）一書中，說明了軟性領導的概念。書中的擺渡人曾為悉達多提供住宿的地方，分享飲食，聆聽他說話，並引導他諦聽河水的聲響，直到悉達多真正悟了道，擺渡人才與他告別，所謂的軟性領導，就像擺渡人一樣，為能幫助其他成員完成共同的目的，而設身處地地為其他成員著想，為其他成員擔憂、奉獻的人，就是軟性領導。

到任何地方去都會看到，以傳統的意見領導者的姿態，來發揮領導力的孩子。我女兒雖然在班上擔任班長的工作，但是她在傳統意見領導者方面，力量算是弱的。而且她看到那種用「跟我走」一句話使喚朋友的人，會覺得有些不好意思。

「媽媽，我好像沒辦法成為一個很好的領導人。有人一句話就能使喚朋友，我就沒辦法那樣。」

於是我就對女兒說，除了傳統的那種力量的領導外，還有溫暖的領導、服務的領導。

目前是個多樣化的世界，眼中只有少數幾個跳出來的人的時代已經過去了。

套句俗語說「現在是大家各領風騷的時代」，在這樣的時代，傳統的力量領導，也許外表上還能維持統合，但要讓組織成員心悅誠服，是不可能的了。

「要當一次班長，才能培養領導力，但是孩子卻討厭出來做班長。」、「自己一點主張也沒有，好像每次都只有被朋友牽著鼻子走的分。」身邊很多這樣為這種事難過的媽媽。這些都是只把傳統的意見領導者，當作領導者必備的德目的緣故。

設身處地為人著想、替人分憂解勞、值得信賴、有說服力、幽默，孩子具有其中一項優點的話，就要把這優點極大化；而弱的部分就要幫忙補強。像這樣擁有這些優點的孩子，未來才會成為真正的領導者，而不是那些被酒肉朋友簇擁著的孩子。

在家中培養的領導力

・試著賦予領導的工作。

領導者必須具有能從頭到尾、裡裡外外看穿整個事情的洞察力，這必須透過親身經驗才能培養出來。在要去旅行或要舉行家族活動時，試著讓孩子負責準備或執行的工作，會是很好的經驗。而這時父母站在輔助者的位置來指導孩子就可以了。

・要常給孩子說話的機會。

在他人前面大大方方地說出自己的意見的這種經驗，對培養領導力也相當重要。為此，常常問孩子意見以製造出回答的機會，就是很好的方法。即使孩子的意見不是那麼好，也依照他的意見一起試做、一起做出結果、一起討論，這樣的話，孩子的思考力也會變大的。

・要訓練孩子聽別人說話。

由於需要綜合組織成員的想法並訂定目標，所以領導者必須是個絕佳的傾聽者。因此傾聽的訓練是必要的。媽媽在與孩子相處時，當孩子想要表達時，要認真傾聽孩子的想法，這種身教，會自然而然地傳達給孩子，於是孩子自然也就學會傾聽。

・要讓孩子有很多和朋友融洽地玩在一起的時間。

有句話說：「孩子是玩著長大的。」孩子和朋友一起玩著團體遊戲，如果想要融洽的玩樂，除了具有與同儕相處的社會性之外，在讓步、妥協與領導者的角色等，也都能在其中學習。

【註一】南韓人權及民主的守護者——金壽煥樞機，在就任總主教演說中，促請南韓天主教會「放下架子，融入社會」，而成為窮人及服務社會的教會。

培養道德性的10分鐘對話

有位心地善良、會替別人著想，也喜歡和人接觸，和鄰居的關係也滿不錯的媽媽。但是，那位媽媽七歲的女兒，卻和媽媽完全不同。別的小孩在玩的玩具，她一定要搶過來自己玩；她自己玩的玩具，絕對不讓別人玩。

旁邊的鄰居大人只說了一句「不能這樣喲」，她卻回說「為什麼不行？我媽媽都沒說什麼，大嬸妳幹嘛囉唆？」她非要別人說一句她回十句，心裡才舒服。

更令人驚訝的是，發生其他問題的時候，她媽媽看到女兒那樣，也完全不會制止。這種情形出現過幾次後，很多媽媽就開始擔心或防著自己的孩子跟那個小孩玩了。

很快地，就出現了許多對那位媽媽的子女教育觀，指指點點的批評，不過，我卻抱著遺憾的心情，有一天找到機會，跟那位媽媽提到了她孩子的事。

「我是家裡的老大，從小就要處處讓著弟弟，我是在無論如何都要對弟弟讓步的情況下長大的。但是卻仍常換來被打、被罵的令我很不服氣的遭遇。因為我弟弟把我的讓步和替人著想，當作理所當然，所以就為所欲為。我不想讓我的孩子也過這樣的生活。」

然後她又加了一句：

「不讓步的話又如何？對大人沒禮貌地跺腳又如何？我想把我的孩子培養成一個『能打理好自己的一切，自我主張也強』的孩子。」

然而就像「個人主義」和「利己主義」一樣，表面上看起來好像一樣，但實質上，它們卻是截然不同的兩種觀念；「能打理好自己的一切、自我主張強」，和「只打理好自己的一切、只堅持自己的主張」也是完全不同的。

最近，我們社會所認定的最高價值，好像變成了「競爭」。甚至稱它作競爭至上主義也不為過，即使沒到那個程度，許多人也都把社會進步的原動力指向了「競爭」。在學校也競爭，在社會上也競爭，可以說到處都在競爭。這樣看來，會妨礙競爭的所有要素，最好都把它們當作腐朽的、過時的廢物，盡快處理掉比較好。孝道、善良、替人著想、讓步、同理心、利他心、公正性等，這些一向屬於道德性的要素，它們就被認為是妨礙競爭的東西。

韓國問卷調查機構，在以青少年為對象實施的調查中顯示，認為「比起成為富人，正直更重要」的，只佔了青少年中的百分之四十五；回答「能用頭腦解決問題的話，就會那樣做」的，佔了百分之二十四點一；而回答「能在物質上獲得成功的話，道德性不會是自己在意的問題」，也有百分之十六點七。這證明了，成年人「依憑道德地生活，就會受到損害；道德性是妨礙競爭的要素」的這想法，已經充分影響並深入進青少年的心中了。

我們班的人氣王是親切且態度好的人

孩子與同儕間的關係是否良好，直接衝擊到孩子的生活品質。然而如何讓自己孩子受到同儕之間的歡迎呢？韓國一項以國小學生為對象做的問卷調查顯示：「親切、態度好」是最受歡迎朋友的第一名；「有幽默感」是第二名；「老實、心地善良」則排名第三。

像前面提到的那位媽媽想法一樣，認為老實就會受傷害的父母不在少數。但這卻是導致自己孩子變成沒有朋友的致命想法。

不僅如此，我們這個時代，在人際關係上，還要求要有6Q，有代表智能指數的IQ、感性指數的EQ、熱情指數的PQ、數位理解力指數的DQ、團體指數GQ，還有道德商數的MQ。

另外，大家知道的測定特定人物公職適合性的「公共領導力指數」，道德是影響它分數高低的重要變數。此外「公共領導力指數」，還要有兩種指數做後盾，分數才能更提高，這兩種指數就是：被視為人生成功戰略中最重要的要素之一的「人脈指數」；還有以道德性為基礎的「共存指數」。

根據過去六十年間從哈佛大學畢業的畢業生作追蹤調查顯示，在社會上成功有地位的畢業生，絕大多數不是那些成績優異的人，而是幽默感強、能替別人著想、親切感十足與對錯分明等道德性高的人。

孟子說：「無惻隱之心，非人也；無羞惡之心，非人也；無辭讓之心，非人也；無是非之心，非人也。惻隱之心，仁之端也；羞惡之心，義之端也；辭讓之心，禮之端也；是非之心，智之端也。」孟子的主張，是人性論的核心。

你希望你的孩子，變成受許多人喜愛的人嗎？你希望你的孩子，變成時代所要求的人才，並在社會上成功嗎？你希望你的孩子長大成為知道是非對錯的有智慧的人嗎？那麼，父母要比什麼都優先地，把焦點放在培養孩子道德的對話上。

在當前這個強調英才教育、英語能力、考試成績、競爭等的教育風潮下，創造出了一個蔓延著暴力和破壞的社會，並產生出了一堆青少年問題和自殺等副作用，卻沒有人提出異議。羅斯福（Theodore Roosevelt）說：「只教一個人認知，而不教他品德，就等於培養一個威脅者到社會中。」

道德性指數的變數是父母的言行

最先主張道德指數就是成功要素的人，是美國哈佛大學的羅伯特・寇爾斯（Robert Coles）。他說父母的生活，最多投射在子女人生中的，就是「道德」。會影響道德指數的、最重要的變數，不是教室裡的背誦或討論，而是小時候看到、聽到的父母的言行。

「孩子是父母的鏡子」，從這句話可以清楚明白的應證羅伯特・寇爾斯教授的想法。因為在孩子身上，可以很清楚地看出父母的樣子，特別是在道德觀上，活生生就是父母的翻版。

由我擔任館長的「飛夢者圖書館」，是一個側身於一般公寓的社區圖書館。是個可借圖書超過五千冊的、小具規模的圖書館，不過，服務人員百分之百都必須藉助志工幫忙。開館初期，因為許多營運體系還沒設定好，遇到了許多困難。

招集了一些非專業的媽媽，將圖書分類並把資料輸入電腦，就不眠不休地花了一個月的時間；而要訓練志工能順利運作，更是一件大事。

又要去電台上班，又要照顧孩子，還要打點圖書館，我可以說是擠出了百分之一百二十的精力，就這樣持續了一年多的時間。家裡就像被炮彈炸過一樣，一片混亂，也不管當初想把圖書館當成禮物送給孩子的初衷，根本連和孩子輕鬆地坐在一起看書的時間都沒有。就這樣，不只一、兩次出現過「我這麼忙，到底是為誰啊」的後悔感。

那時，幫助我讓我再次找回力量的，就是全惠星教授（註一）的《有奉獻精神的父母培養大人物》這本書，書中提到，想要把孩子培養成真正的領導者的話，父母先要喚醒內在「服務他人、服務社會」的訊息，才能實現。雖然不知道我的孩子未來會不會成為領導者，但為能讓孩子知道如何服務他人，我想我投入在社區圖書館的努力和時間，一定會留下百分之百的補償的。

擁有百分之百完美道德的父母，世上難找，然而父母能做的，就只是保有自己正確的道德觀，再努力加強想讓孩子學習的部分，同時對自己錯誤的道德觀，也要著手改正。只要父母擁有這樣的態度，就是孩子最好的榜樣。

「你想成為什麼樣的人？」

曾在某個兒童雜誌上看到一份令人訝異的調查報告，這份報告是以國小學生為對象，詢問小朋友一些問題：

認不認同有大人不如小孩？——百分之八十回答Yes；

何種情況下大人會不如小孩？

榮獲第一名的答案是：喝酒後迷迷糊糊的時候；

第二名答案是：不遵守公共道德的時候；

第三名答案是：為了自身的利益做出不正當的事時。

孩子們出乎大人意料之外地，能很清楚地區分正當的事和不正當的事；而且包含孩子在內，所有人都希望自己被別人稱作是「正直的人」。

在教導孩子的時候，必須無時無刻不告訴他：「你要成為正直的人」。我對孩子的教育，是屬於澈底控制電視和電玩的那種。必須在約定的時間內玩電玩，只能看某些定好的電視節目。但是某天，我為了要看晚間新聞，就打開了電視，結果畫面出現的竟是兒童卡通台的畫面，很清楚的，孩子昨天在前一天看完的規定節目後，又偷看了卡通。以前也發生過幾次這樣的事，我都裝作不知道地過去了。為了不想再發生同樣的事，於是就把女兒叫了過來。

「希妍啊，白天看電視了嗎？」

「……」

「媽媽一打開電視，出現了卡通的畫面。」

「其實我打開電視，只是想稍微看一下在演什麼，然後就看到正在演我喜歡的節目，就多看了一下……。媽媽，對不起。我錯了。」

「謝謝妳對媽媽說實話。能誠實地把自己的錯誤說出來，是需要很大的勇氣的。只有正直的人才會這樣做。但是沒有遵守和媽媽的約定，是不對的行為。不是嗎？那麼，在正直的人和做錯事的人中，妳想做哪種人？」

「我想做正直的人。」

「很對，媽媽也認為希妍是正直的小孩。自己的事都認真地做好，在媽媽責備前也有勇氣把真相說出來。」

我拉近女兒抱抱她說：「以後該怎麼做呢？」

「在媽媽約定以外的時間，都不會看電視了。不過媽媽能幫幫我的話，會更好。」

「幫幫妳？」

「媽媽把遙控器帶去上班，會更好。」

「為什麼要這樣？」

「我一個人在家很無聊的時候，就會想看看電視，要忍住不看是很吃力的。乾脆讓我沒辦法打開電視，這樣就不會被誘惑了。」

所以從那天以後，我出門時，就會拔掉有線電視連接器，然後放進皮包裡帶走。

「想成為怎樣的人？」和「長大後想從事什麼職業？」是不同的。「想成為怎樣的人？」是和人生的價值觀、信念、座右銘等人生方向有關的問題。

父母對孩子說「用功讀書才能成為偉大的人」。這裡所說的偉大的人，不是從事偉大的職業的人的意思。對「偉大的人到底是怎樣的人？」的這個解答，是要孩子一面走過人生，一面由他自己去弄明白的；而且即使前有困難，也不放棄，才可能完成成為偉大的人的這個目標。在經過有無數十字路口的人生森林時，小時候父母擱置在那兒的那句話──「你想成為怎樣的人？」任何時候，都會像永遠指著北極的指北針一樣，成為指引人生方向的指針。

♥試試這樣的對話♠

孩子：媽媽，我們班有人被排擠，真是可憐。但是我又怕跟那個人玩，我也會被排擠。真不知道該怎麼辦才好？

媽媽：那樣啊，好困難的選擇啊。你認為怎麼做才是正當的行為呢？

孩子：成為那個人的朋友是正當的行為。但是我沒自信去這麼做，要是因為那個人，連我原來的朋友都遠離了我的話，那該怎麼辦？

媽媽：你再問自己一次「你想成為怎樣的人？」。另外，如果你也能想想，有沒有讓所有人都一起變成朋友的方法，這樣會更好。這樣就能找出該怎麼做的答案了。

要教會孩子設身處地

不久前，在網路上看到虐待動物的影片，許多人都受到了很大的衝擊。意外的，這種事在我們身邊並不僅僅是一、兩次的突發狀況而已，為了看看朋友送的小雞會不會死，就把小雞放進馬桶用水沖走；因為自己買了倉鼠被媽媽囉唆，就在媽媽面前，把倉鼠從十五層樓往下丟出去。

最近，有許多孩子都因暴力而倍感壓力。我不是指電視、電玩的暴力性節目。我指的是，學校暴力、霸凌、只有第一名受尊重、只講求學位的社會文化等等，這全部，對孩子來說，都是暴力。窮途末路的老鼠，牠能選擇的路只有三條：自暴自棄、自我了斷、衝過去咬貓。這三條路全都包含了暴力性。

在這樣的暴力氛圍中，為了讓自己的孩子能作出明智的選擇，能端正地生活，父母要教導孩子「尊重」，這珍視他人、珍視其他生命的感覺。不知道尊重的價值的孩子，也不會有道德感的。

這樣的話，該如何教導孩子「尊重的珍惜感」呢？這時所需要的對話法就是，引導出「設身處地」的心的對話法。設身處地這個詞的意思是：「誘導人盡量站在對方的立場來思考」的意思。用一百句話去說明「珍視其他生命或尊重其他生命的價值」，還不如問一句「要不要換個立場，替對方想一想呢？」效果還來得更大些。因為設身處地，不是刺激人腦袋的話，而是要讓人心生同情，讓人心哭的話。

「如果你是馬桶裡的小雞的話，你會怎麼樣呢？」

「如果你被霸凌的話，你會怎麼樣呢？」

「如果換成是你，站在朋友的位置上，你會有怎樣的心情呢？」

對方可能會用「我不是小雞」、「我沒有會被霸凌的理由」、「不可能是我，我的力量大多了」這樣的話來反駁你。但是孩子的內心已經開始被哀傷和同情滲透了。因為沒有受到尊重，是件令人悲哀的事，也是件令人同情的事。

試試這樣的對話

孩子：我們班有個人有公主病，每次說話都加鼻音地說。聽了很讓人抓狂。

媽媽：這樣啊。只有你這樣覺得，還是其他同學也這麼認為？

孩子：其他同學聽他說話，也會漸漸不舒服起來。所以我們班就有暗排。

媽媽：暗排？是暗自排擠的意思嗎？

孩子：對。

媽媽：那，這小孩太可憐了。你想想，如果是你被同學暗自排擠的話，你心裡會多難過，多悲傷啊？

孩子：……。

媽媽：同學們沒有想出幫他改正缺點的方法嗎？

孩子：我會跟他說，不要一面提高嗓音一面說話。因為很可能他連自己有這個缺點被人討厭都不知道呢。
媽媽：對，這樣做很好。

對孩子表示「感謝」

依據教育學家湯瑪士·利寇納（Thomas Lickona）的說法，社會生活的道德規範，需要有認知、情緒和行為這三要素來協助，才能讓人做出符合道德規範的有道德的事。所謂認知的層次，是指判斷符不符合道德規範；所謂情緒的層次，是指和道德規範一致的性向、道德方面的感性、態度等；最後一項，行為的層次，是指以行動來實踐道德規範。

前面提到的「你想成為怎樣的人？」的這個問句，是一種在認知層次上，強化道德性的對話法；而「設身處地對話法」是在情緒層次上，培養道德性的對話法；最後，強化行為的對話法，就是「感謝的稱讚對話法」了。

道德性，當然大部分都具有要那樣行動出來的當為性，但實際上，我們是在經過了無數的誘惑或掙扎後，才選擇道德的。

在公車上讓位給老人家，必須要戰勝想舒適地坐著的這種內心掙扎後，才做得出來；把在路上撿到的錢找到主人還給他，必須忍受把這些錢拿去買自己想要的東西的誘惑。將戰勝這些掙扎和誘惑，而得到的獎賞──「謝謝」這句話，套到道德三要素中的行為層次中，它就是具有強化行為的功能的稱讚。

孩子幫媽媽打掃，可以說是理所當然的，但是如果這時媽媽對孩子說一句「謝謝」的話，會更強化孩子的道德自發性。因為這會使孩子有「我應該做個幫助別人的人」的這種想法。

遵守約定是理所當然的事，但在那一瞬間聽到了「謝謝」這句話的孩子，會在心裡種下「我是個值得信任的人」的想法。不要把孩子道德性的行為，視為理所當然，反而要說句：「謝謝！」表示對他感謝的稱讚。這具有更加強化對待他人親切、正直等的效果。

♥試試這樣的對話♥

「謝謝你幫我揹這麼重的行李，託你的福，我等下才有力氣繼續扛。」

「謝謝你遵守了和媽媽的約定。」

「幫媽媽照顧弟弟，而不能和朋友出去玩，很傷心吧？不過你願意幫忙，還把弟弟照顧得那麼好，媽媽好感謝你喲。」

和孩子的約定一定要遵守

有個小孩和媽媽去大賣場，看到了喜歡的玩具，就糾纏著要買。原本威脅孩子說不行的媽媽，最後竟說出了這句話：

「明天再買。」

到了第二天。

「媽媽，去買玩具吧。妳不是說『明天再買』嗎？」

媽媽眨眨眼睛，這樣說：

「對，你剛才也說了，明天再買，是明天！所以今天不能買。」

雖然有點像在開玩笑，但像這樣不遵守和孩子的約定的父母，出人意料的多。尤其是在為了抹滅難堪的狀況時，更會馬馬虎虎地許下承諾，然後連什麼時候說出過這樣的話，都忘了。

用這樣的方式，看起來像是閃過了小危機，其實更大的危機正在靠近。那就是讓孩子的道德性瓦解了。聽著父母說的謊話長大的孩子，還期望他有道德性，這簡直是緣木求魚。

我對女兒提出的什麼要求，幾乎從沒立刻就應允的。取而代之的是，我會用「爭取時間對話法」，從孩子很小的時候開始，就用了這種對話法，即使是本來就想買給她的東西，也故意用這種爭取時間的方法。目的是，為了不讓孩子有「不管什麼要求，父母都能解決」的這種觀念。

所謂的爭取時間對話法，就是以「讓媽媽想想，明天晚餐時給你答覆」、「可以給媽媽一點時間想想看嗎？」這種方式來回應的對話法。

這樣做了之後，十次有三、四次，孩子的要求會完全消失，而且即使最後孩子的要求被拒絕了，也不會有很大的糾纏。如果這時還有糾纏的話，就要孩子說出三個、四個「一定要買的理由，一定要做的理由」，要像這樣訂出理由數。這時，如果孩子說出的理由，都是我可以理解的理由的話，就盡可能地滿足這項要求。這種爭取時間的對話法，還附帶產生了培養孩子說理能力的效果。

在此特別要提醒父母，說了要在某時間給答覆，就一定要遵守，不要忘了。如此一來會讓孩子確信「父母一定會遵守和我的約定」，同時也知道「重視約定」的重要性。

【註一】著有韓國家教暢銷書——《有奉獻精神的父母培養大人物》的全惠星博士，被稱為「韓國首席媽媽」。

培養勇氣的10分鐘對話

一個年輕人問他爺爺說，人為什麼活得這麼累？爺爺回答他說：

「因為你不是只有優點，你也有缺點。人的一生中，所有的東西，都具有兩面。你的內在裡，有要成功的意志，也同時有要欣然接受現況的心理；有自我吹噓傲慢的偏狹感，也同時有一顆能產生憐憫之情的溫暖的心；有想要逃避生活的膽怯，也同時有勇敢面對生活的勇氣。」

這段文字摘自約瑟夫・M・馬紹爾（Joseph M. Marshall）《往前走的力量》一書的前言。我把這段文字唸給女兒聽，是希望她能隨時想起這位爺爺所說的話。當然，我更希望她想起的，不是書中那位老爺爺的聲音，而是透過我生命的樣貌和我生動的聲音，說出的這段話。

有句話說，人生就像沙漠一樣。之所以這麼說，不是因為人生到處是沙礫和貧瘠，而是因為人生中，不知何時何地會碰到沙塵暴，昨天還是路的地方，今天就變成了山：昨天是山的地方，今天又變成了路。人生道路上充滿了這種不可預測性。

當我的孩子要扒開這變化無常沙漠似的人生道路時，一定要有朋友同行才能順利走完的話，這個朋友就是「勇氣」了。

電影《魔戒》中，佛羅多能一面抵抗魔戒的誘惑，一面持續完成遠征，是因為有他的遠征隊友山姆的陪伴與協助的緣故。和我孩子一輩子一起前行的、像山姆一樣的朋友，就是「勇氣」。

孩子的失敗，是為了成功所做的練習

子女教育專家們說，對孩子來說，失敗是一定需要的經驗。但事實上，父母卻非常小心地不讓孩子因失敗而受傷，因為他們認為「失敗＝落後在其他孩子之後」。

「現在高年級的小孩應該要讓他自己準備考試了，但事實上，到了考試時，他還是沒辦法做到。小孩要是考砸了受到挫折的話，該怎麼辦呢？」

「跆拳道審查的時候，又吵又鬧，就沒升級成功。除了國小一年級時有通過，後來就一直沒過了，真令人失望。好像該換跆拳道教室了。」

「學校在辦無動力飛行器飛行比賽，孩子和爸爸從早到晚忙了一整天做無動力飛行器。如果只有孩子的不能飛，那多丟臉啊？」

這是身邊很多媽媽說的話。話中可看出他們對孩子的擔心，但這樣的父母的教育法，真的能給孩子幫助嗎？

失敗是新的學習機會。沒有失敗經驗的孩子，也不會知道成功的方法。在這沙漠似的人生道路上，不會一直只有成功的。我們拚命地往山頂上爬，等爬到山頂後，會忽然忘記了所經歷的一切辛苦，覺得「這座山根本不像想像中艱難」甚至會產生「我爬的好像不是這座山」的懷疑。這不正是我們人生的寫照嗎。

當我們爬上山頂說「我爬的好像不是這座山」的時候，挑戰其他山的力量，就在這戰勝失敗而獲得成功的經驗中，又產生出來了。在愛迪生發明電燈泡的過程中，他經歷過了二千次的失敗，但是他說：「我沒有失敗過，我只是為了發明電燈泡試了二千次而已。」

不要讓你的孩子抱著「我一定要一次就成功」這目標長大，而是要抱著「雖然我失敗了好幾次，但那只是為了成功而做的測試而已」的心態長大。

要容許失敗，才有可能嘗試新的挑戰

說到「每天量產六十名百萬業務員」，大家都知道那是指美國的矽谷，不過更多人知道它代表的意思是「在失敗中成長」。因為在那裡即使失敗，也會把這個失敗經驗，當成自己能再次挑戰的養分。老闆絕對不會責備說為什麼會失敗，失敗者也不會被視為落伍者而去職，因為他們認為，有新的點子和勇氣的話，就能以失敗經驗為基礎，再次挑戰。那樣的養分引導出了成功，並製造了每天六十名的百萬業務員。

聽說有個孩子要去考國際高中釋出的名額，他的英語達到了母語人的水準，數學也是資優生。媽媽在孩子的功課上花了許多工夫，也不辭花重金上課外輔導課。可是不知道發生了什麼事，考試竟然失敗了。那時聽到孩子的媽媽對孩子說的話，讓我非常驚訝。

「你那副熊樣，看了就討厭！」

許多父母會說「我才不會說那樣的話呢」，但是只是形態稍有不同而已。不容許失敗、擔心挑戰失敗之類的話語，充斥在我們的四周，這是事實。

「這個一題都不會解，以後的數學要怎麼辦？」

「你為什麼每次都那樣？」

「你在那樣的班，還倒數第一名！」

「這麼討厭讀書，國、高中要怎麼讀啊？」

「國小要在班上第一、第二名，上國、高中後，功課才會好。」

這樣的例子不勝枚舉。

孩子的無動力飛行器只飛了十秒，就掉在地上的話，父母要說：「哇！飛了十秒耶。第一次飛就飛了十秒，第二次飛就能飛二十秒了吧。哪裡改一改就能飛更久了吧？」

孩子顫抖著拿著聽寫五十分的考卷進來，父母不要對孩子說：「為什麼錯了一半？」而應該說：「對了一半耶。」

要這樣，孩子的嘴裡才會說出「兩邊翅膀好像沒有保持水平。下次要再努力」、「要再多做聽寫練習，練習時，請媽媽幫我找找問題」這樣的話。

要想像目標達成時的景象

持續受到讀者喜愛的、朗達・拜恩（Rhonda Byrne）所著《祕密》一書，它的核心內容是「所有的事情會按照想像和夢想的樣子實現」。在我想像和夢想的瞬間，宇宙之流，就會朝著事情完成的方向流動，即使不能確信真的會那樣，但這已像「一」一樣地確實存在了。把自己期望的事，具體地、鮮活地想像出來，越這樣做，它的實現可能性就會越高。

曾對什麼有過期待的人，就會知道，從有期待的那瞬間開始，心裡就會產生潺潺的波動，並推起幸福的氣運。而且為了將這期待變成事實，也會讓你更努力。

國小一、二年級時，我把女兒送到鄉村學校就讀，三年級時再轉學回都市的學校。從鄉村學校轉到都市學校，三年級，女兒就在半緊張、半安靜的心情下，適應學校的環境和氛圍中度過。到了四年級時，女兒說她想出來選班長，不過煩惱和擔心也跟著來了。

「但是，媽媽，要是沒有一個同學投票給我，那怎麼辦？那不是太可悲了嗎？還是不要選好了。」

「要是真的一票都沒有，那真的會覺得好難過喲。但不要這麼想，媽媽讀了一本叫做祕密的書，書上說，如果你肯定地去想像的話，那個夢想就會實現。」

「肯定地想像，那是什麼啊？」

「嗯……那跟著媽媽做一遍好了。」

「先坐下來，把眼睛閉起來，然後深呼吸。接著就開始想像。首先，想像老師說『誰想當班長？』的樣子。然後浮現妳把手舉起來的樣子。再來就是妳走到同學前面，跟同學說當上班長的話妳要怎麼做。希妍說了一句深入同學的心的話，同學們就很大聲地拍手。接著就是分選票，然後開始投票了吧？哇，希妍的票最多，希妍當上了班長，同學拍手鼓掌祝賀，希妍的臉都紅了，因為太高興了。」

我和孩子重複做了好幾次這肯定的想像，孩子「沒有同學投票給我，怎麼辦」的擔心，也漸漸消失了。雖然最後沒當上班長，但當上了副班長，也有了熱心為班上服務的機會。現在她更當上了全校的諮詢會長，拜這些所賜，她的領導力也大大地提高了。

要幫助孩子，讓他像電影一樣地、生動地想像完成目標的過程和達成目標時的興奮愉快。一天10分鐘就可以了。此外，父母也可以一起參與，和孩子一起集中注意力，一起想像。

這樣，因害怕而畏畏縮縮的孩子，他的勇氣和挑戰精神，就會像廣告氣球一樣地膨脹起來了。

♥試試這樣的對話♥

・勇氣百倍對話法

「你完成夢想時，會是什麼情況？心情會如何？想像一下那情況和那心情吧。」

・挫折千倍對話法

「煩惱那些幹什麼？那麼脆弱的心，還有什麼用啊？」

要教孩子妥善放棄的方法

挑戰的相反詞就是放棄。美國第三十七任總統尼克森（Richard Milhous Nixon），曾說過一句名言：「人失敗的時候不是結束，放棄的時候才是結束。」

這樣說來，以後我們永遠都要警惕自己「絕對不要放棄」囉，是這樣嗎？

選擇題的選項中，如果有「絕對」這兩個字的話，是錯誤答案的可能性就很高；對話中有「絕對」這兩個字的話，不是使勇氣百倍的對話法，而是挫折千倍的對話法的可能性，比較大。

就父母的立場來說，為鼓舞孩子拿出勇氣，還有因抱著希望孩子即使失敗也不放棄的心，就會說出「絕對不要放棄！」這樣的話。

「不管做什麼，半途而廢總是不好的。」

「立了志向就要推動到底。聽過貫徹始終這句話吧？」

「事情不做到底，那又何必開始呢？」

持續地堅持、奮戰不懈地挑戰，都是有價值的美德，這是事實。但仍不能成為解釋「絕對不要放棄！」的理由。讓一個輕量級的選手去對抗重量級選手，然後對輕量級選手大喊說「絕對不要放棄！死也要死在拳擊場上」，這不是加油，這是暴力。

對一個已經想放棄了，卻被父母強迫絕不要放棄，而飽嚐折磨之苦的孩子來說，當他再次面對下次的挑戰時，猶豫躊躇的可能性是非常高的。

當然，要教導孩子挑戰的重要性，更要協助他從作決定的階段開始就要會慎重選擇，此外還要教導他，當遇見銅牆鐵壁時，懂得放棄也是一種智慧的選擇，會更好。

我對女兒用的放棄方法，是「一個月放棄猶豫法」。很多人無法忍受即將到手的成就或東西在眼前一瞬間消失無蹤，這時這個方法就非常有效。

女兒從國小四年級開始上跆拳道課。從一開始的跆拳道入門，要升到一段，一般來說要花大約一年半的時間。當然這中間想放棄的念頭也曾找上過她，孩子在往返跆拳道場一年後，就開始覺得厭煩了，可能是因為一起去上課的女生朋友，一個個地不去了的緣故。

「希妍啊，媽媽去跟老師談談，那妳再去一個月看看，如果一個月後妳還是不想去的話，那就不要去了。那個時候再放棄也不遲。」

「再去一個月就好了」的這想法，讓孩子安心下來，就又開始愉快地去跆拳道場了，很好地忍住了放棄的念頭，直到腰上綁上一段腰帶。

從國小一年級剛入學，就開始上鋼琴課，但情況可說和跆拳道相反。孩子非常怕鋼琴教室園長，才去鋼琴班一個月，就說不想去了。這時我也是用「一個月放棄猶豫法」，但是一個月後孩子還是說不想去，我就毫無迷戀地讓她不去了。兩年後國小三年級時，她說想再次學鋼琴，直到現在，都非常愉快地學著。如果那個時候我說「絕對不要放棄！」的話，可能會終結彈鋼琴的愉快，永遠都不想再學了也說不定。

♥試試這樣的對話♠

「你看起來好像很討厭去英語補習班。但是才努力不久就放棄，好像不是正確的選擇，再努力一個月看看。如果還不行，到那時再放棄也不遲。」

「這次考試目標要考五百分滿分，以這麼高的目標來準備功課，心裡壓力好像會更重。那麼，我們把想法換成不管考試結果如何，只要盡了全力就好，這樣好嗎？當然，這樣還能考五百分的話，會更好。不過即使沒考到五百分，你也會因已經盡了力，而不會後悔吧？」

只稱讚結果是毒藥

有句話說，孩子是吃父母的話語長大的。不過依父母說的話的不同，父母的話語可能會變成孩子的補藥，也可能會變成毒藥。在變成補藥的話語中，首屈一指的好話就是稱讚。不過，要注意的是，只注重結果的稱讚，一不小心也可能會變成毒藥。當然，過程好結果就好的情況很多，但世事難料，世間事不是一定只會是那樣的。

沒怎麼用心，也可能獲得好成績；看似小孩的作品，其實是媽媽當成自己的功課做出來的，也可能得獎。這時只看結果作稱讚的話，會讓孩子始終有種焦躁感；一不小心更嚴重的話，還會深化「走正路也好，走歪路也好，只要結果好就好」的這錯誤的人生觀。

「數學校內競試大會，當上了數學王，我女兒真了不起！」

「這次課後習題審查，得了第一名對吧？我兒子最棒了！」

「鋼琴比賽得了大獎，真是太好了！」

這些都是只重視結果的稱讚。如果把這種稱讚換成是補藥的稱讚，這樣說就可以了：

「這次數學校內競試大會，當上了數學王，是嗎？那是因為你的努力，才會得到這麼好的結果的。」

「誠實地做好課後習題，才會有這樣的效果。恭喜你。」

「為這次的鋼琴大賽，認真地作了準備，媽媽真的很為你感到驕傲。」

到這裡還沒結束。如果在這個稱讚後面再加上一句「你數學是怎麼準備的？」、「這次做課後習題時，你特別注意的部分是什麼？」、「你原本覺得困難的演奏部分，竟變得那麼熟練且完美，是有什麼祕訣嗎？」等疑問句的話，對話效果會更加倍。

在稱讚之後附加上問題的對話，會有什麼效果呢？

第一個效果，使孩子明確明白，好的結果是因為自己的努力而獲得的。出人意料之外的，認為遇上好的結果，是運氣或僥倖的人，比起認為是自身的努力的人，多了很多；因此，跟他們說下次要有好結果，要靠自己更加努力才能獲得，他是存疑的。這時針對努力的過程，提出疑問的話，會讓孩子心裡再次具體浮現之前努力的過程，並讓他更加確信，靠自己的努力才能進步。對自己的穩固的信心，會變成滋生出「勇氣」的養分。

第二個效果，下次遇到類似的課題的話，照相同的努力模式來做，就能獲得效果。在和孩子一起編製考試計畫表時，那些曾被稱讚的和曾被提出問題的科目，能更正確地記下讀書法。這些都拜將正確的表現再次回憶之賜。我女兒就是這樣一面將此科目的讀書法應用到其他科目，一面找出只屬於她自己的讀書法。

第三個效果，即使又遇到其他難題，也能具有「我可以做」的勇氣。某部電影曾出現過「舞台骨精神」這樣的詞，就是「渾身解數」的意思，話一出來就造成大流行。但是解決問題光用「舞台骨精神」是不夠的，還要有戰略和戰術。以孩子自身的努力過程作說明，不知不覺間，孩子就能明白戰略和戰術的意思了；遇到下一個課題時，孩子就會這樣想：「設立這樣的目標，為達成這目標，這樣做那樣做就可以了。」充分發揮了應用過去經驗的能力。

♥試試這樣的對話♠

媽媽：因為你努力地做練習，這次數學才能考一百分，你讀數學好像不是那麼難嘛，你是怎麼讀的？

孩子：嗯……數學練習本和考試題庫裡的題目都做，做錯的題目就把它記在誤答筆記中，再重複做三到四遍直到完全懂為止，就這樣這次才能得一百分。

媽媽：對，記在筆記本中，再重複做三到四遍好像滿有效的。媽媽也為這麼努力的你感到驕傲。恭喜。

孩子：下次考試我也要為最難的社會科做誤答筆記。這樣我想會對社會科的學習更有幫助。

媽媽：試著這樣做做看，應該會很好。

即使結果不好，也要肯定所做的努力

「又是我不行。」
「我做的事全都是這樣嗎，我到底有什麼事能做好呢？」
「做不成的事，乾脆不要開始好了。」

這些是熟悉挫折的人吐露的話。你想讓自己的小孩用這樣的話指責自己，或希望他變成面對挑戰會猶豫不決的人，那對於不好的結果，只指責那結果，就可以了。

「你什麼都不做，全都要媽媽幫忙是不是！為什麼要動餐桌上的碗，想把它打破嗎？」
「成績為什麼是這副模樣？是不是在媽媽前面裝作很用功的樣子，媽媽一沒看到，就做別的事？」
「練習的時候練得好好的，為什麼上了舞台失誤那麼多？又不大方，真是麻煩了。」

能努力多少就收穫多少，努力和收穫相等，沒什麼會比這個更好的了，但是憑生活經驗看來，不這樣的情況，好像更多。傾注了百分之百的努力，結果只表現了百分之十時，沒關係，對著孩子高喊「再挑戰一次！加油、加油，再加油！」期望孩子能透過這個過程有所成長的話，不只結果不好，結果越不好，越要確認努力的過程，要這樣激勵孩子才行。

一、二年級還在大自然中悠閒地跳躍著的女兒，隨著年級升高，開始越來越在意成績。也開始用心地準備功課。但是事情很少是能一蹴可幾的。剛開始結果總不如預期，那時我就摟著女兒，這樣說：

「希妍啊，不要太失望了。比起結果過程更重要。妳不是認真努力過嗎？媽媽認為這才是最重要的。不斷地努力，總有一天會得到滿意的結果的。」

「但是，要是下次也是努力了成績又不好，那該怎麼辦？」

「想想看我們家的水缸，如果裡面只裝了一半的水的話，要水滿出來，必須用水瓢舀好多瓢水，水才會滿出來不是嗎？但是如果水已經滿了，就只要用水瓢舀一瓢，水就會向外溢出來了。就像這樣，希妍現在正在舀水到水缸裡，像妳這樣努力地舀水，總有一天會達到再舀一瓢就滿出來的地步。所以不要太焦急了。」

「真的是那樣嗎？真的會那樣嗎？」

「這樣的話，這次考試做了怎樣的努力？準備考試上出了什麼問題？都跟媽媽說一遍。然後試著計畫下次考試該如何準備最好。如何？」

「好。」

在跟女兒的對話中，我努力做的有兩點，第一，讓她知道過程的重要；第二，幫她檢討，在努力的過程中有沒有什麼缺點。

在努力中，戰略和戰術是需要的。該用鐵耙去犁地的，結果用小鋤頭去犁，可能連一半都犁不完。要反省和回饋，才能把下次的機會變成真正的「機會」。

♥試試這樣的對話♥

「多虧有妳幫媽媽擺碗筷，媽媽好感謝妳的幫忙啊。」

「這麼努力地準備了，結果卻不理想，真令人難過。不過，能看到我兒子這麼用功，媽媽已經感覺很幸福了。」

「上舞台會緊張得發抖嗎？不過有了兩、三次上舞台經驗後，漸漸就會熟悉了。國際級的小提琴家張英珠，第一次上舞台時，也是緊張得抖得很厲害。」

第五章
讓孩子人生不同的10分鐘對話法的技巧

· 有效溝通的十種技巧
· 要注意不該說的十種對話
· 創造對話機會的十種方法

很多父母很容易對子女失望，
而且會將這失望感，在子女面前不加掩飾地顯露出來。
似乎不知道，那會對自己孩子的人生
產生多麼致命的傷害。

有效溝通的十種技巧

就子女教育而言，父母要具備的、排第一位的素養，就是「溝通」。能很好地讀懂孩子的心；能理解孩子的心並產生共鳴；還具有能合時宜地透過訓誡或指導，導引孩子走向對的方向的技術，這些就是使子女健康成長的父母，應該具備的素質。

在一天一千四百四十分鐘裡，十分鐘算是一點也不長的時間，但若能很好地利用這十分鐘，在這十分鐘內能有很良好的溝通的話，會讓我孩子的人生完全不同。現在就把，一天十分鐘能和孩子良好溝通要記住的技術，再整理一次。

一、要集中注意力且有情感交流

就像前面曾提到過的，父母和子女對話的時間，平均一天有四十分鐘，其中大部分是「吃飯了嗎？」這類的日常生活所需的對話。當然，日常生活中的這些基本對話，是不能少的，是必須的，不過透過這種對話，要能和子女談心，是很困難的。

如果把四十分鐘裡的三十分鐘，用在說「吃飯了嗎？」、「不要看電視了」這種表示關心、照顧孩子日常生活的話語上，也很好，但剩下的10分鐘，就一定要完全集中注意力地和孩子對話了。

要全心全意傾聽孩子說的話，並要傳達出父母的關心和關愛。只要這十分鐘能集中注意力真心地和孩子對話的話，孩子的學習能力、創造力、自律性、自尊心、領導力、道德性等，就能自然而然地培養起來了。

這是個質比量更優先考慮的時代。就和子女的對話而言，也是一樣，集中注意力並產生共鳴的質，比長時間的量，更重要。這點要謹記。

二、要集中注意力聽

10分鐘對話的核心是：即使一天只有10分鐘，也能和子女分享對他成長有幫助的對話。然而這卻也容易讓父母誤入一個嚴重的陷阱：父母熱心地想在這10分鐘內，把自己的價值觀傳達出來。

比起對話，建立起子女對自己的信賴更為重要。想要這樣的話，就要先了解孩子的心，因此，就是只要聽子女說話就可以了。只要在這10分鐘內，集中注意力地聽孩子說話，就可算是做到了充分對話了。這點要銘記在心。

三、找到讓對話能一搭一唱的環節

對口相聲中，兩個人一個負責逗哏，另一個人負責捧哏，擔任捧哏的是配角類型的人物，也就是在逗哏說完一段哏後，捧哏給予評論或找台階，以繼續下一個哏。也就是說，逗哏說話的時候，捧哏就在一旁作回應。

同樣的，和孩子對話的時候，捧哏也是非常重要的。在一旁說「對啊」、「天啊」、「好有趣啊」、「後來怎麼樣了」等回應的話的人，不僅會更提高說話人說話的興致，還能引出對話，讓對話繼續進行，所以他也扮演了非常重要的角色。

積極呼應自己說的話，並對自己說的話表現出關心、深有同感，能跟這樣的人說話，誰都會想跟他掏心掏肺地說更多的。

如果你正煩惱找不到和孩子說話的環節的話，就用積極的傾聽和有感情的感嘆詞，來試試看吧。這樣有一搭沒一搭的對話，就能因這個環節而更加緊密了。

四、不能對話時要說明原因

在生活中，一定會遇到怎麼也沒辦法和孩子對話的情況。我的情況是，要趕在節目播放的時間前，把稿子寫出來，這時就會沒辦法和孩子對話了。寫稿除了要集中注意力外，還要考慮到恰當的用字遣詞，而孩子一直在前面吱吱喳喳，要回應這個、回應那個，還要幫忙做些什麼事，時常會讓我精神散亂又焦急。

有一天我實在忍不住了，突然生氣地大聲說：「希妍啊，拜託不要再說了可以嗎？媽媽都沒辦法寫文章了！」不過我一說出這氣話後，立刻就向女兒道歉了。因為我並沒有跟女兒說明狀況，孩子不知道在寫廣播稿的我需要某種程度的集中注意力，就這樣對她發火，孩子會感覺很冤枉。因此我花了10分鐘的時間跟孩子說明。

其實，在播出時間在即的時候，10分鐘就跟十小時一樣，不過心情如果紛亂的話，是連一個字也寫不出來的。

「剛才媽媽說話太大聲，對不起。沒跟妳說明狀況，就發火對妳大吼，是媽媽不對。不過，以後媽媽在寫稿子的時候，希妍就不要跟媽媽說話，安安靜靜的，會比較好。寫稿子和媽媽吃飯、看書不同，因為寫稿的時候如果不能完全集中精神的話，就寫不出好文章了。媽媽不是說過，寫功課看書的時候，最重要的就是集中精神嗎。媽媽也一樣，要寫出好的文章，媽媽也需要完全集中精神。媽媽的話，妳懂嗎？」

「媽媽，對不起，我不知道會那樣。」

「我知道妳不知道。不過更該怪我，沒事先做出這樣的說明。所以，很對不起。下次再碰到媽媽沒辦法對話的情況，我就會先說：『希妍啊，現在是媽媽要集中精神做事的時間了。』這樣希妍就能比較了解媽媽了，好嗎？」

其實根本沒用到10分鐘。上面寫的，真的是對話的全部內容。大概只花了兩分鐘而已。

父母應該要把自己的狀況告訴孩子，讓孩子去斟酌，很多人會認為，這些不告訴孩子，孩子也應該會知道，但其實絕不是這樣的。一定要把不能和孩子對話的狀況，明確地告訴孩子，讓孩子理解。最長只需花兩分鐘。像告知「現在是媽媽要集中精神的時間了」這樣，發出讓對方能理解的訊號，其實只要十秒鐘就夠了。

另外，當到了能對話的狀況時，就再問孩子說：「剛才你想跟媽媽說什麼？」就可以了。

五、要練習「I-message」的對話法

「你為什麼這麼的冒失啊？」

「你到底像誰啊，怎麼這副德性？」

「你又沒做功課？」

這些對話的特徵就是，都是以「你」來開頭。這種對話法就叫作「You-message」對話法。「You-message」對話法，就是直接指責對方行為的對話法。不過能欣然接受指責的人，幾乎沒有。就算說這話的人是親愛的父母，結果也一樣。

因此美國心理學家湯瑪士・高登（Thomas Gordon），一面指出「You-message」對話法的問題點，一面提示出，要用「I-message」對話法來代替。「I-message」對話法把主詞「你」換成了「我」，是一種不刺激孩子感情的、又能傳達父母意思的對話法。「I-message」對話法的三要素是：（一）有問題的行為、（二）我的感覺、（三）結論。其中，特別是在說出問題行為的時候，要排除對孩子的指責以及對行為的批評。

舉例來說，知道孩子說謊的話，要這樣：

（一）問題行為：發現你好像說了謊話，

（二）我的感覺：媽媽覺得很擔心。

（三）結論：為什麼呢，因為說謊是不正當的行為。

除了傳達否定的感情外，肯定的感覺也可以同樣用這個方法來傳達。孩子正在讀書的情況，說「看到你在讀書，媽媽心裡真高興。媽媽有讀了這麼多書的女兒，感覺非常驕傲」就可以了。

事實上，大部分的人都較熟悉「You-message」；對「I-message」對話法很陌生，且不常上口的人，相當多。仔細想想你的對話方式，如果是較常用「You-message」對話法的話，就要常常練習「I-message」對話法，並把它應用在現實情況中吧。這樣和子女間的信賴關係，也會變得更加深厚了。

六、發火時要和孩子保持距離

大人們不管怎麼努力地練習了「I-message」對話法，在火氣上來的那瞬間，還是不容易壓下來。在火氣往上冒的時候，要人冷靜地降低嗓音說：「媽媽要發火了」，幾乎是不可能的。這時需要的就是，能讓火氣沉澱下來的時間。

這是女兒還非常小的時候的事。連孩子都可能不記得了，不過我仍能鮮活地記得當時的情況，為了不使同樣的事再重複出現，我還調適了好一會兒。當時好像是還不太會用電腦文書處理系統，還是因電腦不熟而沒做好文件儲存設定，總之在我快要寫完廣播稿時，女兒突然把電源拔掉了。

廣播時間要到了，而全部的稿子竟都不見了，我的眼前一片漆黑。現在想起來還覺得很慚愧，當時，我一時之間無法忍住往上冒的火氣，一把就把桌上的杯子掃到地上去了。

孩子當然是嚇了一大跳，不過更令她驚訝的是，做出這瞬間舉動的我。我實在覺得很慚愧。

從那以後，一旦我又要發火的話，我就會先和女兒保持一段距離，大部分都是我到其他房間（廁所、廚房、臥房等）去，然後在那裡做深呼吸。最長一到兩分鐘。

一旦恢復了呼吸，再回去面對孩子時，一開口說話口氣就會溫和了。

七、用「怎麼—詢問法」取代「為什麼—詢問法」

「為什麼會這樣？」和「怎麼會變成這樣，跟媽媽說好嗎？」這兩個問句，哪一個較傷孩子的心？「為什麼回家功課還沒做？」和「回家功課怎麼了，怎麼這麼晚還沒做？」這兩個問句，哪一個孩子會心情比較好地作出回應呢？

「為什麼－詢問法」只把焦點放在結果上，是追究錯誤的對話法，給人很強的好像在責備人的感覺。但是「怎麼－詢問法」因為詢問的焦點是放在意圖和過程上，而不是結果上，所以能讓孩子心情比較平靜地回答。

下班回家，發現大兒子功課還沒寫完，其實事情的真實情況是，因為他在幫弟弟解決功課上的問題，所以就把自己的功課先放在一邊了。

在這樣的情況下，如果媽媽問說「為什麼回家功課還沒做？」，因為聽起來好像在指責自己沒做功課的錯誤，孩子這方立刻就被貶低了下來，孩子會畏縮害怕起來。而如果問說「回家功課怎麼了，怎麼這麼晚還沒做？」的話，聽起來就比較沒有責備的意味，是在問沒做功課的原因了。

試著去實踐「怎麼－詢問法」的話，和孩子之間引起的摩擦，會減少到一半以下。

八、用「好，但是」對話法，來解決問題

曾看過一部以「女兒和爸爸」為主題的紀錄片，訪問一位女性，回顧她青春期時父親和自己的關係，令人印象非常深刻。她說她在青春期時認為，要反抗爸爸、超越爸爸，這才是「讓我變成一個成熟的人的路」。

實際上，在孩子進入青春期後，為反抗父母而反抗的情況相當多。而且好像把這個當作是人生唯一目標似的來行動。

這時，必要的對話法就是「好，但是」對話法。

剛放學一進家門，孩子就說他想把頭髮染成黃色。父母氣得斷然地這樣說：

「不行！」

但是青春期的孩子，大部分想法都是很難以捉摸的，根本不管父母答不答應，逕自就用自己的零用錢把頭髮染黃了。弄得全家天翻地覆。父母氣得跳腳，

追在後面罵；孩子自顧自地關起房門睡覺。這個舉動，算是投出了告知對話斷絕的信號彈了。

這時如果用「好，但是」對話法的話，會如何呢？

「好，你好像想變化一下髮型。你的想法我完全能理解，媽媽讀書的時候，也留短頭髮留到煩了，那時就好想去燙個頭。」

這樣先說「好」的話，能讓對話變溫和，氣氛也會變得和諧許多。這時一面肯定子女的想法，再加上父母的經驗談，一面產生出共識的話，會更好。

接下來就要說「但是」了。

「但是你頭髮染成黃色的話，在學校會不會被罵，其他人會不會把你看成是不良少年啊，媽媽擔心的是這個。這部分你怎麼想？」

已經透過「好」而打開了心房的孩子，對溫和的父母擔心的部分，一定會說出自己的想法的。對父母指出的部分，孩子剛好沒想到的話，父母就要誘導他再更慎重考慮一下；如果孩子已經考慮過了的話，就請孩子說出他最後的決定，就可以了。

當然，站在父母的立場，想聽到的答案應該是不把頭髮染成黃色的了，但是，即使孩子的答案不是理想答案，對話結果能對孩子多多少少產生點影響的話，也就很好了。

「我不在意別人的眼光。不管別人怎麼看，反正我不是不良少年就對了。開學的時候，我會再把頭髮染回黑色的。」如果能引導孩子說出這樣的話的話，這不就是達到「雙贏」的對話結果了嗎？

九、用幽默感打開心門

在外科病房中，八十歲父親身邊坐著五十歲的兒子。

「兒子啊，我現在要死了。但是，你知道我為什麼會死嗎？」

「不知道，爸爸。你現在恢復得很快，幹嘛說那些話呢……會死的話，應該是身體不舒服吧。」

「不是，是無聊死的。你也上了年紀了，人一老真的是什麼事都不能做，所以會無聊死。所以要離開這個世界啊，這不是會更有趣嗎。」

這些話，是韓國知名漫畫家張紹八先生真實的遺言。張紹八先生說了這些話的第二天就去世了。遺言也像漫畫一樣被留了下來而離開人世。臨終前仍不忘幽默的張紹八先生，他幽默的一生，仍令人感動地默默地圍繞在我們身邊。

幽默，是能明確且愉快地傳達出自己的意思的一種好手段。有個電視廣告，一個三、四歲的小男孩，拿著番茄醬瓶子玩，結果一不小心，把番茄醬噴得媽媽一身都是。這是會令人發火大叫「不要拿番茄醬瓶子玩了」的狀況，但是那位媽媽卻用了幽默感來應對。

「（一面倒下）嘔，不要告訴我的敵人說我死了。」

緊張得魂都飛了似的孩子，臉上霎時露出了安心的表情，還伴隨著微笑。「不要拿番茄醬瓶子玩了」這句話，在這個時候再說，也不遲。被幽默打開了心門的孩子，很自然地一定會聽媽媽的話的。

「可是我沒有幽默感」，沒必要為此擔心。在已經形成共識、有同感的情況下，沒什麼特別的話，也能變成幽默的話的。

十、要時常表現關愛

有一首金世煥唱的歌，叫做〈愛的心〉。

「沒有什麼比愛的心更美好的了，沒有什麼比受人愛的瞬間更滿足的了，沒有什麼比愛的眼神更多情的了，沒有什麼比輕掠過的指尖更令人酥麻的了。一個人無法領會那奇妙的愉快。再聽千萬遍心情仍會舒暢的話語，就是我愛你。」

父母和子女間的愛，也是如此。沒有什麼比感覺到被愛的瞬間更滿足的了，沒有什麼比愛的眼神更多情的了。指尖輕掠過的酥麻感，能培養出我孩子的幸福感。

還記得自由擁抱運動（譯註）吧。賈森・亨特（Jason Hunter）從他母親平常常說的「要讓所有的人知道，他們是重要的人」這句話，找到靈感，在二〇〇一年發起了這項運動。自由擁抱運動，包含韓國在內，很快地傳遍了全世界，由此過程可以看出，人們是多麼渴望安慰和被愛啊。

父母和子女間，也一樣。即使父母和子女間充滿了愛，也不會完全沒有糾葛什麼的，這時解決糾葛最好的方法，就是擁抱了。當判斷溫柔的對話反而會使糾葛更加擴大時，就乾脆輕輕地抱抱孩子好了。比起說一百句話想要教導他，還不如用一個溫暖的擁抱，可能會更好。

這是個父母忙，孩子也忙的時代。但即便是如此，下班回到家時，孩子從幼稚園、學校或補習班回來的時候，一定要互相抱一抱。而且還要在耳邊小聲地說：「小寶貝，我最愛你了！」、「全世界我最愛的人就是我女兒、我兒子了。」

獲得了父母充分的愛的孩子，不必父母頤指氣使、囉唆或命令，自己就會找自己想做的事情做。

就像俗諺說的「笨孩子要再給他一塊糖，聰明的孩子要再給他一棒子」那樣，我們非常吝嗇於直接表達出對子女的愛。不要像俗諺中說的，孩子表現好的時候不稱讚，要孩子笨才給糖嘉獎他，這樣是不行的。父母要時常動員所有自己能做到的表現方法，和肢體語言，來表現出對孩子的關愛。孩子的自尊心就會更往上提高一層了。

【譯註】起源於賈森・亨特，二〇〇四年時，澳大利亞人Juan Mann也開始推行，旨在拒絕冷漠，通過擁抱向陌生人傳遞溫暖。

要注意不該說的十種對話

根據某項研究結果顯示，我們日常生活中的行為，有百分之九十都是習慣。只有百分之十，是靠意志控制的行為，剩下的百分之九十，都是依循無意識的習慣來做的。話語也一樣。

因此我們更應該檢視一下，我們平常常使用的話語，努力把要注意的話改正過來，這是必要的。

一、「唉呦，我的寶貝真聰明。」

就像前面曾提到過的，不該作錯誤的稱讚，因為它可能會帶來不良的後果。

美國哥倫比亞大學的卡蘿・杜薇克（Carol Dweck）研究團隊，曾做過一項很值得注目的、對稱讚效果的研究：把焦點放在結果上，而受到被說聰明的稱讚的孩子，會不愛冒險，因為當遭遇失敗時，比起要找出解決的方法，他們會因自己變得不聰明了，而花更多時間在責備自己上。相反的，如果是「這麼努力，好棒」，因努力的過程而受到稱讚的話，孩子會更具韌性，更能勇於解決問題；即使失敗了，也不會覺得是自己的能力有問題，他們會認為是自己努力不夠。

比起無條件地稱讚，把焦點放在過程的具體的稱讚，對孩子來說，更重要。孩子在得獎的時候，不要稱讚他說「唉呦，我的寶貝真聰明」，而應該說「這麼認真努力，才會得到這個獎的。做得好。」這才是正確的稱讚。

二、「你到底想說什麼？」

大部分的父母都不熟悉傾聽孩子說話。父母總認為要教導孩子什麼，要正確地引導孩子，所以都是自己一直說個不停，有時間自己囉唆，卻沒時間靜下來聽孩子說。

這樣一來，父母很容易犯的錯就是說「你到底想說什麼？」。因為要說給孩子聽的話太多了，所以根本沒時間聽，孩子說的話，從頭到尾都沒聽進去，因此就會說「你到底想說什麼？」、「哎喲，急死我了。快點說行不行。」、「你說的，好像聽不太懂。」

只要好好地聽孩子說話，對話的環節就不會斷。而且孩子透過這個一面自己陳述，一面自己找出結論的過程，就能培養出自律性、責任感和智慧。有「父母尊重我說的話」這種認識的孩子，他的自我尊重感也會提高。

三、「你是哥哥耶！」

女兒的朋友到家裡來玩的時候，我時常會和他們說說話。因為在寫童話故事的緣故，所以特別關心孩子們的心理。但是和孩子們聊天時，孩子的話語中，卻時常透露出對弟妹的厭惡。

「真羨慕希妍是獨生女。我媽媽都偏心我弟弟。」

這是屬於比較和欽羨的水準。

「我全世界最討厭我弟弟了。我弟弟死掉最好。」

說這種話的小孩也有。

在孩子的心中種下這種願望和厭惡的人是誰？要探究的話，不是他弟弟，而是父母。因為父母說的「你是哥哥（姊姊）耶！」這句話。

比起大孩子，父母會更保護小的孩子，父母的這種心情，是可以理解的。但是在孩子還小時，他們是不懂這些的。這點千萬不要忘記。

四、「學學你哥哥啦！」

世上首屈一指最討厭聽到的話，就是比較的話了。

「身為課長的人，做事竟不如一個代理，這該怎麼辦啊？你要像李代理的一半，就好了。」如果公司有這樣說你的主管，你一定會很厭惡他吧。如果妳打電話向婆婆問安，結果她說：「看看妳的弟妹，學學她吧。」問安電話絕對不會再打第二次了。父母說的這種比較的話，也會對子女的心裡造成傷害，而且父母太容易對子女亂說這種「比較的話」了。

「學學你哥哥吧！」

「你怎麼就比不上你妹妹呢？」

「對面那家的孩子這次考了全班第一名，而你第幾名？」

下面這個，不僅是比較的話，還是巧妙地把比較隱藏了起來的話。

「住我們這棟三樓的那個國中生哥哥，你也認識吧，這次考上了明星高中。他從沒補習，從沒作課外輔導，能考上競爭那麼激烈的學校，真是了不起，不是嗎？那位哥哥從不需要他媽媽督促他去看書，一次都沒有，反而是每天晚上請他媽媽隔天早點叫他起床。」

父母為了激勵孩子更努力用功，而說出了這樣的話，但聽在孩子耳裡卻是這個意思：

「你又參加輔導，又去補習，給你投資了這麼多，成績為什麼還是這個樣子？要學學那個哥哥啊！」

五、「你就只會做這些事嗎？」

曾在一篇報紙專欄上，讀到這樣的一句話：「沒有什麼愛，會像父母的愛那樣，代價那麼高的了。」這篇文章的意思是，要功課好、乖乖地聽父母的話，這樣才能獲得父母的關愛；若表現不好，父母的失望感更會令孩子不寒而慄。所以它說要獲得父母的愛，是要付出相當高的代價的。當然內容有些極端，但「父母的失望感更會令孩子不寒而慄」的部分，令我頗有同感。

我並不是想對父母無條件的愛，提出什麼異議。但是父母中有很多的人，的確很容易對子女失望，而且這失望感，會不加思索地在孩子面前吐露出來。好像完全不知道，這對自己孩子的人生，會造成多麼致命的傷害。

「你就只會做這些事嗎？」

「你就只會那樣。」

「我還能對你有什麼期待呢？」

像這種使子女自慚形穢、自覺卑下的話，任何時候都不要用。

六、「我會被你害死！」

養育子女的事，是比全世界任何事，都困難的事。就像在農事中，最困難的農事是育苗一樣。

在教養子女上，非常費力的事，真可說是不計其數。因此會有父母像習慣似的，不時地吐出「我會被你害死！」這樣的話。就像個佇立在農田裡，一面環視著在夏季霪雨中快速往上冒的雜草，一面嘆口氣說「我會被你們害死！」的農婦會說的話一樣。

但，我的孩子不是雜草，是在農田裡長大的稻子，是稻子中的稻穗，是稻穗中的穀粒。而且可能還要不時地為它挑出害蟲、辛勤灌溉、補充肥料、觀察再觀察，才能存活下來的。

有句話說，穀粒是聽農夫的腳步聲長大的。子女也是靠父母的愛、照顧和信心長大的。

特別是「我會被你害死！」這樣的話，會在孩子心中種下罪惡感，這點必須要注意。稍一不慎，孩子周邊發生的大小不順的事，都會使他相信，是因為自己的緣故而造成的。具有這種罪惡感的人，怎麼能過著幸福的人生呢？

七、「夠了，停止！」

不能忍受孩子因悲傷、生氣、疼痛而哭泣的父母，出人意料地相當多。越是自己生活辛苦的人，越是這樣。沒辦法很好地穩住自己情緒的人，就會不能接受孩子的情緒的表達。

會說這種話的父母，大部分不僅不能體會孩子的心情，還會被認為是錯的而加以責備。孩子因悲傷而流淚，會被認為是反抗的態度而被大罵一頓；因擔心而哭的時候，也會被人認為是懦弱而受責備。而且認為這是訓育的一部分。

即使，孩子為了想得到自己想要的東西，而用「眼淚」當武器，對他說「夠了，停止！」也是不對的。要教導孩子適當地調節情緒的方法來解決，這才是賢明的父母應該做的。

八、「是誰讓我這麼辛苦啊？」

全職的家庭主婦，在孩子進入國小高年級後又出來就業，這種情況滿多的。最大的原因是，要籌孩子的補習費、課輔費。

但在沒有專門技術和知識的狀況下，能做的事，除了打雜、出勞力外就沒有了，這麼辛苦地工作，目的只有一個，那就是期望孩子功課進步。

但是補習班、課輔班也去了，成績卻仍然沒有進步，在結果不如預期的強烈失望感下，很容易就會說出「是誰讓我這麼辛苦啊」這樣的話。

我國父母為子女所做的犧牲，在全世界是有名的。為了孩子的教育，連家族間的生離別都可以不顧，於是出現了像「雁鴨爸爸」、「企鵝爸爸」（媽媽帶著孩子到國外當小留學生，剩下爸爸一個人在國內）這樣的流行新詞。另外，為了能讓孩子讀進教育特區——江南區裡的學校，不顧全家的生活品質，硬把戶口遷進江南區，這種事也所在多有。

當然我們也不能苛責說，這些父母所做的犧牲是不好的。接受了父母的犧牲，還不會長大的孩子，應該世上難找吧？我們都是在父母的犧牲上，發芽長大的。

但，若父母因為做了這些犧牲，就自認偉大、了不起，反而會引起孩子的反抗和脫序行為。這也會變成問題，父母不得不慎。

九、「沒讓你做的事偏要做，你是想把媽媽累死啊？」

有位單獨扶養七歲兒子的單親爸爸，晚上很晚了才下班回家。兒子已經睡著了，他自己煮了泡麵吃，把廚房餐桌弄得一團亂。爸爸實在太累了，稍微梳洗一下就上床睡覺了。正覺得被子哪裡怪怪的時候，一拉上被子蓋上，被子和床就被杯麵倒翻的麵和湯整個弄濕了。

惱羞成怒的爸爸走進兒子房間，朝兒子屁股猛打了一下。

「為什麼把拉麵放在被子裡？因為你的關係，被子全濕了！」

於是孩子嗚嗚地哭起來，並說：

「我想爸爸回家時可能沒吃晚餐，就泡了一包杯麵，為了要把麵焖熟，就放進被子裡了。」

這是在網路購物時，讀到的故事。如果是你的話，在這樣的狀況下，你會說「沒讓你做的事偏要做，你是想把媽媽累死啊？」這樣的話嗎？

孩子為幫父母的忙而做出的行為，時常是會出問題的。原因是，因為孩子大部分的想法和行為都是未成熟的，所以很容易出現失誤的狀況。這時如果父母關注的焦點，不是孩子想幫父母的那顆善良的心，而是對準失誤而責備的話，就會在孩子心裡留下挫折感和自我卑下的傷痕。這點要小心。

十、「叫你怎麼做，你就怎麼做！」

「要聽老師的話。」
「要聽爸爸媽媽的話。」

這些是許多父母叮嚀孩子的話。而且還要把這樣好好聽大人話的孩子，教導成乖的孩子。

因此許多父母會對孩子這麼說：

「叫你怎麼做，你就怎麼做！」

「乖乖聽父母的話，就會有蛋糕吃。」

但是這樣的話，反而會讓孩子產生複雜的情緒，那就叫做「乖孩子情結」。當然「乖」的孩子，具有應當受稱讚的價值，但是所謂的「乖」，若隨著父母、大人，還有身邊的人的標準而決定時，就會產生問題。

罹患「乖孩子情結」的孩子，不僅會對技巧地表現自己的感情很生疏，想法和行為，也因常受制約，而顯出好奇心、創造力、自我尊重感都較薄弱的情形。

要教育孩子成一個善良的人、正直的人，那就要傳達給他正確的價值觀；但把孩子養成一個乖的、聽話的孩子，絕對不是值得學習的教育法，這點一定要銘記在心。

創造對話機會的十種方法

在忙碌的生活中時常會有，想和孩子說話，卻找不出時間的情況；時常也會覺得，當需要作深入的談話時，10分鐘根本不夠。

我們家爸爸在週末的時候才回家；而我，時常也會因為工作或雜事忙得筋疲力盡。當然我會很努力找時間和孩子完整地對話10分鐘，但偶爾，因對話主題或當時的狀況限制，要稍微變換一下氣氛、場所或時間的情況，也是有的。

這時靈活運用「創造對話機會的十種方法」，會很好。希望你能配合自己的狀況，時常去應用它。

此外，我想先提醒一下，比起對話，更重要的是，形成愉快的氣氛這點。在一起時，氣氛要好，才有可能對話，不是嗎？比起談讀書的問題或訓誡，把時間活用在讀懂孩子的心，同時揭露父母的心上，會更好。

一、像寫情書一樣地寫信

先生被派駐在外地工作，只在週末回家。因此活用的方法就是，透過信件來對話。不是用電子郵件或手機簡訊，而是直接親筆寫信。

內容大部分都是，今天爸爸這邊發生了什麼事，透過這件事明瞭或知道了什麼等。當然，也有期望女兒長大成為怎樣的人這類的內容，但是會考慮到女兒的反應，讓孩子感覺不出信裡的訓誡有教訓的意味，因此信讀起來，只會感覺字裡行間都是爸爸的愛。

女兒把爸爸寄來的信，都整齊地擺放在盒子裡。我相信每當她面對人生難關時，這些信會帶給她很大的力量的。

就每天都會見到子女，和子女生活在一起的父母立場來看，寫信可能會有些不好意思。我也是這樣。

因此，我會利用像女兒去露營要離家一段時間這類的時機，寫封信放進她的旅行箱中，並附上一句話「一面坐車一面讀」。

要試著捕捉可以寫信給孩子的機會。比起說話，寫信不但更有文化，而且也較能傳達出較有深度的思想，可以收到一石二鳥的效果。

二、塑造可以和孩子一起創造的趣味生活

有句話說，為能擁有幸福的婚姻生活，夫婦最好要擁有相同的休閒嗜好。這也適用於父母和子女間。當然，如果全家都有相同的休閒嗜好，那更好。

我們家的共同休閒嗜好是「露營」。平常就買好了露營裝備，秋天有空時，任何時候把帳棚往車頂上一放，就可以出發了。在擁擠的夏季露營熱潮時去，也很好，但安靜的春天和冬天，反而更別有一番風味。如果不是營地要注意山火的期間，還可以自己生火，在露營用火爐裡點起火種，放入周邊找來的枯樹枝，使它燃起，只屬於我們家的營火就完成了。在滿天星斗閃爍的大自然裡，以溫暖的火爐為中心，全家人一面圍坐在一起，一面很自然地內心深處的對話就開始了。

有位父親，用錢誘惑他那堅持不去登山的兒子，開始他第一次的登山，後來爸爸很滿意地說：「現在即使不給錢，兒子也會跟著去登山了。共同的話題也多了，真是太好了。」也有媽媽，為了讓進入青春期後突然話變少的女兒，能和自己再開始對話，就幫自己和女兒一起報名了健身俱樂部。

三、童話書，媽媽也可以一起讀

許多父母都期望孩子能喜歡讀書。我也是這樣。而且在找對話的線索時，書裡還會有源源不絕的話題。率直的女兒和我，對書的喜好趨向稍有不同，我推薦的書，時常都是兩本中會被退回一本。這種時候，我就也會看看孩子推薦的書，我們讀一本書，就會有好多話題。

不過，以書為媒介的對話，如果切入的點錯誤的話，反而會讓孩子討厭書，這點要特別注意。如果把焦點放在要確知書的內容在講什麼；透過書能知道、了解什麼；能知道了解多少上，反而可能會導致對話斷絕。

核心是，要引導出引起孩子關注的話題。在讀《清秀佳人》這本書時，以父母的立場，我會想說孤兒少年安具有的樂觀肯定的力量這方面，但是我硬把這些話吞了下去，取而代之的，我和女兒談的焦點是在安的想像力上，因為孩子非常羨慕安擁有的想像力。

在讀到和韓國沼澤有關的書時，我就和女兒一起計畫作一趟昌寧芋浦之旅；在讀《驢子旅館》時，就談談自己像驢子旅館裡一樣大膽的朋友。

孩子讀的書，你也跟他一起讀。而且要找出來談的，不是書中的主題，而是孩子有興趣的部分。這樣讀書和對話都可以做到了，真可說是一石二鳥。

四、積極活用電視和報紙

另一個充斥著對話素材的寶庫，就是電視和報紙。我一直都是對電視作嚴格視聽限制的，但即使如此，在和孩子協商後，我還是允許孩子一天可以看一個娛樂節目或一齣戲劇；發現頻道（Discovery channel）或新聞等，則不另外限制。

可能的話，在孩子看電視的時候，我也盡量和她一起看。雖然是為了想知道她在看什麼節目，但更是因為，看了電視會有更多的話題。

一面看連續劇《善德女王》，一面談談美室和德滿的特質；一面看《KERORO軍曹》，一面討論到底有沒有外星人；一面看DISCOVERY頻道的《亞馬遜的眼淚》，一面討論環境破壞的問題。

報紙或雜誌也一樣。如果有孩子會關心的事件或報導的話，就一起閱讀並一起討論。父母善於活用身邊的事物，並引導孩子，讓孩子的想法能更深、更寬廣，就可以了。

五、和孩子一起去做「體驗之旅」

最近流行體驗學習計畫。身邊也有很多媽媽，腋下夾著孩子的社會教科書或自然教科書，週末就出發去參加體驗學習了。但是我並不喜歡體驗學習這樣的用詞，問題出在「學習」這兩個字上，我覺得用「體驗旅行」比較好，因為加上「學習」這兩個字時，不是只有語感不同，連心裡的感受也不同。而「體驗旅行」則是把焦點放在了和體驗同時發生的「旅行」上，而不是在透過體驗要作的「學習」上。

以考試為目地的體驗，也許還算可以，但絕對不有趣。要把遺物的說明抄寫下來，要背景福宮勤政廳是做什麼的地方，這樣會感覺到什麼趣味呢？取而代之的，如果是帶著「旅行」的想法而前往的話，體驗就會變成一種額外的收穫。知道有梳子紋路的瓷器是什麼時代、如何做出的瓷器，很好；但如果不知道，也沒關係，只要親眼看到了梳子紋路的瓷器，以後讀書讀到時，會更清楚，印象也會更深刻的。

旅行的時候，焦點不應該放在知識上，而應該放在，能培養孩子「思考的力量」上。這樣，這段時間就也會變成和孩子在一起的約會時間了。

六、睡前要在孩子身邊

很多父母會在孩子睡覺前，坐在床邊唸故事書給孩子聽，直到孩子睡著。但這樣，最長也只會持續到國小低年級為止。一當孩子到了能自己讀書的程度時，就會像俗語說的「師父領進門修行在個人」，就撒手不管了。好一點的，就還會拉拉被子，道聲晚安。

仔細想想，一天中最好的對話時間，就是「孩子睡著前的這段時間」了，因為把這段時間拿來給這一天作個圓滿的結束，會讓父母、孩子心裡都更充實自在。

即使那天有責備孩子，不，越是那天有責備孩子，就越要陪在孩子身邊。然後，用溫暖的對話、輕鬆的心情，讓一天在愉快的氣氛下畫上句點，並能以充滿希望的心情，迎接明天的朝陽。

當然，當天發生的事，有些會突然在腦海浮現，那就把它當作是反省這一天的時間吧！傳達價值觀的對話，也可以在此時，心平氣和地說出來。當然，光是安靜地坐在床邊，也不壞，因為單單這樣安詳的氣氛，就已經能作超越對話的心靈交流了。

七、營造出愉快的用餐時間

聽過「餐桌教育」這個名詞吧，這雖然是指猶太人的教育法，不過韓國，也是很重視在餐桌上完成家庭教育的民族。但是一貼上教育這個名牌，很多人就會感覺壓力沉重，這是事實。所以不如把這個詞換成「餐桌談話」如何？

美國知名家族——甘迺迪家族，他們利用晚餐時間來討論事情的這家族習慣，已經是眾所周知的了。七個子女全都送進哈佛、耶魯大學就讀的全惠京博士，在她的子女教育祕訣中，也有一項叫做「全家一起吃早餐」的。

哥倫比亞大學中毒、藥物濫用研究中心，曾以一千名十二至十七歲的青少年為對象，作過調查，結果顯示：回答一週裡家人一起吃飯五到七次的青少年，比起一起吃飯零到兩次的青少年，陷入吸菸、飲酒、吃迷幻藥的比率較低，而學校成績則比較高。另外，也顯示家人一起吃飯次數越多的青少年，感覺受到的壓力也較少。

我們要增加和孩子一起吃飯的次數。可能的話，把早餐、晚餐的時間訂出來，家人一起進餐會更好。

而且要拋開「教育」的壓力感，「愉快地」一起聊天對話。避開談憂慮的、傷腦筋的事，還有孩子比較敏感的成績等，取而代之的，要鎖定談愉快的、歡樂的事。

八、用手機對話，取代用手機監視

曾有一度，孩子們最期待的兒童節禮物是「手機」。但是最近，雖然孩子們還是想帶手機，但是已經沒有人希望收到這樣的禮物了。不想收到這樣的禮物的原因是父母拿它當作監視工具。

即使父母中有一個人在家，但為了要監視孩子有沒有好好地去學校、放學後有沒有立刻回家，而買手機給他。雙薪家庭的情況更是嚴重，為了要監視孩子有沒有做功課、有沒有乖乖地去補習班、有沒有好好看書、有沒有和朋友到處跑、有沒有浪費時間，而要他帶著手機。和手機原來的功能完全不同，就只把它當作監視用的父母，很多。

但是好好利用手機的話，是可以彌補對話時間不足的。不要在放學後，為了要確認下一個行程而打手機給他，而是要問今天在學校發生了什麼有趣的事。不要在英語補習結束要去數學補習班的路上，問英文分級考試通過了沒，而是要安慰他說「認真準備考試，辛苦了」。

特別是常沒有時間和子女對話的父親們，更建議「用手機對話」。首先，請試著從「吃飯了嗎？有很好地上下學嗎？」這樣簡單的對話開始。這樣每天都用手機溝通的話，就能累積出信賴感，也能很自然地產生更多話題了。

雖然有句標語說「講電話要簡短」，但是和子女愉快地聊天的電話，像麥芽糖一樣越拉越長，不是更好嗎？

九、時常和孩子到社區「走一圈」

沒有特別計畫，要在家度週末的話，我們家常會全家人一起去散步。從住家走三十分鐘左右，就會走到江邊，所以我們的基本行程就是，走到江邊再走回來，這樣繞一圈。

在去的路上，往女兒上學的路繞一下會更好。這時一定會走在我和先生中間的女兒，就會開始說，同學和學校發生了什麼事、某位文具店大嬸有多親切、學校前賣鬆餅的大嬸多囉唆，話匣子整個打開了。透過這段時間，我們夫婦倆還知道了，那些來不及知道的、只能就這樣讓它過去的，女兒的學校生活。另外，也知道了在哪個巷子住著哪位同學、和女兒比較親近的好朋友住在哪棟大樓的幾樓幾號，還有女兒對那些朋友的想法和感覺等，也都知道了。

時常和孩子「一起出去走走，到社區繞一圈」吧！這樣你會更了解孩子，深入內心的對話也會很自然地連接上了。

十、在網路上設一個家族論壇，或拜訪孩子的部落格

「我們的頭腦是越用越發達的，就像肌肉越鍛鍊越強壯一樣。因此每天從事創意的活動是很重要的。舉例來說，吃吃看一次都沒吃過的料理、玩玩看一次都沒玩過的玩具，如果能把對這些產生的感覺，像日記一樣地寫在日記本裡的話，更好。想要找出我們頭腦裡特殊的潛能的話，就這樣做做看吧，然後你會發現全新的自己。」

這是在女兒經營的網路論壇上，刊出的一篇我在某本書上讀到的一段文字。網路論壇的會員都是女兒的同學、朋友，為了能提高自己的想像力而創設的。因此我也不時地提供一些相關的訊息上去，這比我直接說「要做有創意的活動」，效果大多了。

試著在網路上開設家族論壇，或去拜訪孩子的部落格吧。這樣不但能知道孩子關心的是什麼事，還能很平和地傳達出，用對話說起來很吃力的訊息，或是父母的想法。

【後記】

讓我們用一天10分鐘的對話，來培養出孩子的夢想吧

我的母親是個過了耳順之年，通過檢定考試進入專門大學就讀的熱血女性。當她在專攻的社會福利系，上了「教育學」的課後，她說了這樣的話：

「上了課後我有了這樣的念頭，我要是早知道這些內容的話，就會把你們教育得更好。雖然我已經很認真地養育你們了，但上了教育學的課後，現在回頭看，才發現自己實在太大膽，竟然什麼都不知道就去做了父母……。」

難怪很多人認為，所有大學有關親子教育的科系，都該開「父母教育」的課。身為一個小孩的媽媽的我，聽了我媽媽的話，也深有同感。

全世界最困難的農事，就是育苗了。孔子也說，沒有什麼事會像子女教育那

麼困難的了。而對我們這些凡夫俗子來說，教養孩子，不更是件艱難的事嗎？

但我們仍像我媽媽那個時代一樣，是從沒接受過父母教育的。該怎樣做個好媽媽、該怎樣扮演好媽媽的角色、該怎樣引導才能讓孩子成為幸福又端正的人，從來都沒學過。

再加上，要把自己的父母當作模範，也不太可能。只依子女的數量來評價的時代已經過去了，現在已經是比任何時候都重視創造力教育的時代了。以前由整個家族或鄰里村落分擔的品性教育，現在全部的責任都落到了父母的身上。再加上，在經濟不斷加速化，教育卻逐漸衰弱化的情況下，支持孩子、培養孩子的夢想和素質，變成父母更重要的工作。

在這樣的時代，為了讓孩子幸福、端正地長大，我們做父母的是不是該做些什麼？又該如何去做？要幫助孩子站上「做自己人生的主人」的高峰，父母是不是要扮演什麼角色呢？在這個開口閉口都是「忙」的時代，為了要和子女建立起「理解、關懷、同感還有溝通」的關係，又該怎麼做呢？

我一面在相信這些問題的答案是「一天10分鐘對話法」的情況下，一面寫下了這本書。

生下子女的雖然是我（父母），但子女卻絕對不是「我」。雖然這可能是世世代代修了上億年才結下的因緣，但即便是如此，他還是和我完全不同的一個獨立的個體。和這樣的子女溝通，除了對話外，還有什麼其他的方法呢？電影《ET》中，外星人和少年，他們用食指對食指的方式，來溝通心意。就子女和父母來說，「對話」就是彼此的食指了。

再加上，由於目前生活形態繁忙，別說父母，連孩子都追著時間跑，於是本書就把焦點放在「以最少的時間，收到最大效果的對話法」上。

對那些說「雖然知道對話是必要的，但卻沒時間去對話」的父母；那些期望「不要囉唆，而是要和孩子率直地對話」的父母；還有那些「正在找尋能培養孩子品性和素質的對話法」的父母，我相信本書對他們會有幫助的。

本書介紹的對話法，可扼要分作三點：

第一，一天10分鐘對話法具有的重要性。對話的目的，是要彼此產生共鳴和溝通，即使一天只有10分鐘，只要彼此百分之百地集中注意力的話，多少都能達到彼此產生共鳴和溝通的這對話目的的。

第二，透過對話，培養孩子的夢想。《小王子》作者聖艾修伯里（Antoine Marie Roger De Saint Exupéry）曾說：「想要造船，不要拿著木材和工具教他造船的方法，而是要喚醒他對遠方大海的憧憬。」喚醒對遠方大海的憧憬，是最確實的動力了；就像透過父母和子女間的對話，可以一起描繪出未來一樣。

第三，培養子女的品性（道德性、勇氣、自律性、自我尊重感、創造力、領導力等）的對話法。主宰一個人一生的想法、行為、價值觀、世界觀等，這些品性的特徵，在小的時候就形成了。因此，沒有什麼比父母對此的影響力更大的了；而且這樣的影響力，會透過父母和孩子間的對話，像搭著船流過來似地，被傳送出來。

有句話說，一本書的第一位讀者，不是別人，就是那本書的作者；意思是說，最先切身感受書中內容的人，就是作者。我也是這樣。我一面養育女兒、遭遇到各式各樣的困難，一面在寫這本書的過程中，嘗到了走出擋在眼前迷霧的痛快感。為了寫書，經歷多聞、多讀、多思量的過程，是必要的；其中，讓人超越半吊子思考水準、達到滿溢境地的「多思量」，在解決和孩子教育有關的疑問上，也給了我很大的幫助。

本書所提示的對話法，絕對不是最正確的答案。因為每個孩子都是不同生命體，每個父母也都不一樣，父母和孩子之間的對話方法，因此可以塑造出無限多種。能讓讀了這本書的你，有機會去多思量和子女教育有關的事，這就是作者最大的期望了。

最後，期望你和子女的對話，還能帶給你對自身作更多思量的機會。因為身為父母的你站不直的話，子女也就不能直直地站起來了。

台北市基隆路二段13-1號3樓

XXXXXXXXXXXXXXXXXXXXXXXXXXXXXXXXXXXXXXXXX

Mybaby 親親寶貝

mybaby002 懷孕・生產・育兒大百科超值食譜版——準媽媽必備，最安心的全紀錄／高在煥等編著 定價680元
mybaby003 第一次餵母乳／黃資裡、陶禮君著 定價320元

VOLUME系列

VOLUME01 暢飲100——冰砂、冰咖啡、冰茶＆果汁／蔣馥安著 定價169元
VOLUME02 團購美食go!——網路超Hot80項，全台追追追／魔鬼甄著 定價169元
VOLUME03 Bling Bling我的手機貼鑽——打造華麗風／Nydia著 定價169元
VOLUME04 魔鬼甄@團購美食Go part 2——超過 100款超IN 商品，年頭買到年尾／魔鬼甄著 定價169元
VOLUME05 團購美食GO!口碑精華版（３）／魔鬼甄著 定價179元

LifeStyle 時尚生活系列

LifeStyle002 買一件好脫的衣服／季 衣著 定價220元
LifeStyle008 10萬元當頭家——22位老闆傳授你小吃的專業知識與技能／李靜宜著 定價220元
LifeStyle009 百分百韓劇通——愛戀韓星韓劇全記錄／單 葑著 定價249元
LifeStyle010 日本留學DIY——輕鬆實現留日夢想／廖詩文著 定價249元
LifeStyle013 去他的北京／費工信著 定價250元
LifeStyle014 愛慾・秘境・新女人／麥慕貞著 定價220元
LifeStyle015 安琪拉的烘培廚房／安琪拉著 定價250元
LifeStyle016 我的夢幻逸品／鄭德音等合著 定價250元
LifeStyle017 男人的堅持／PANDA著 定價250元
LifeStyle018 尋找港劇達人——經典&熱門港星港劇全紀錄／羅生門著 定價250元
LifeStyle019 旅行，為了雜貨——日本・瑞典・台北・紐約私房探路／曾欣儀著 定價280元
LifeStyle020 跟著港劇遊香港——經典&熱門場景全紀錄／羅生門著 定價250元
LifeStyle021 低碳生活的24堂課——小至馬桶大至棒球場的減碳提案／張楊乾著 定價250元
LifeStyle022 跟著酒莊主人品酒趣——從深入酒鄉亞爾薩斯認識葡萄開始，到選擇最適合自己的一瓶酒／瑪琳達、黃素玉著 定價360元
LifeStyle023 943窮學生懶人食譜——輕鬆料理＋節省心法＝簡單省錢過生活／943著 定價250元
LifeStyle024 LIFE家庭味——一般日子也值得慶祝！的料理／飯島奈美著 徐曉珮譯 定價320元

MAGIC 魔法書系列

MAGIC004 6分鐘泡澡瘦身——70個配方，讓你更瘦、更健康美麗／楊錦華著 定價280元
MAGIC007 精油魔法初體驗——我的第一瓶精油／李淳廉編著 定價230元
MAGIC008 花小錢做個自然美人——天然面膜、護髮護膚、泡湯自己來／孫玉銘 著 定價199元
MAGIC009 精油瘦身美顏魔法／李淳廉著 定價230元
MAGIC010 精油全家健康魔法——我的芳香家庭護照／李淳廉著 定價230元
MAGIC011 小布花園 LOVE!BLYTHE／黃愷縈著 定價450元
MAGIC013 費莉莉的串珠魔法書——半寶石・璀璨・新奢華／費莉莉著 定價380元
MAGIC014 一個人輕鬆完成的33件禮物——點心・雜貨・包裝DIY／金一鳴・黃愷縈著 定價280元
MAGIC016 開店裝修省錢＆賺錢123招——成功打造金店面，老闆必修學分／唐 芩著 定價350元
MAGIC017 新手養狗實用小百科——勝犬調教成功法則／蕭敦耀著 定價199元
MAGIC018 現在開始學瑜珈——青春，停駐在開始練瑜珈的那一天／湯永緒著 定價280元
MAGIC019 輕鬆打造！中古屋變新屋——絕對成功的買屋、裝修、設計要點＆實例／唐 芩著 定價280元
MAGIC020 第一次帶團就成功——領隊導遊自學Book／李奇悅 著 定價299元
MAGIC021 青花魚教練教你打造王字腹肌——型男必備專業健身書／崔誠兆著 彭尊聖譯 定價380元
MAGIC022 我的30天減重日記本30 Days Diet Diary／美好生活實踐小組編著 定價120元
MAGIC023 我的60天減重日記本60 Days Diet Diary／美好生活實踐小組編著 定價130元
MAGIC024 10分鐘睡衣瘦身操——名模教你打造輕盈S曲線／艾咪著 定價320元
MAGIC025 5分鐘起床拉筋伸展操——最新NEAT瘦身概念＋增強代謝＋廢物排出／艾咪著 定價330元

親親寶貝 MY BABY 004

改變孩子人生的10分鐘對話法
——喚醒孩子的無限可能

作者 朴美真
翻譯 彭尊聖
審稿 莫少依
執行編輯 劉曉甄、郭靜澄
美術編輯 鄭寧寧
校對 馬格麗
企畫統籌 李橘
總編輯 莫少閒
出版者 朱雀文化事業有限公司
地址 北市基隆路二段13-1號3樓
電話 （02）2345-1958
傳真 （02）2345-3828
劃撥帳號 19234566 朱雀文化事業有限公司
e-mail redbook@ms26.hinet.net
網址 http://redbook.com.tw
總經銷 成陽出版股份有限公司
ISBN 978-986-6780-97-4
初版一刷 2011.08

定價 280元
出版登記 北市業字第1403號

國家圖書館出版品預行編目

改變孩子人生的10分鐘對話法——喚醒孩子的無限可能
朴美真著；彭尊聖譯．——初版．——
台北市：朱雀文化，2011.08
面； 公分．——（MY BABY；4）
ISBN 978-986-6780-97-4（平裝）

1.親職教育 2.親子溝通 3.對話
528.21 100012669

出版登記北市業字第1403號